FINAL ANSWER OF
D[illegible] NO HIMITSU

哆啦A夢
最終研究

世田谷哆啦Ａ夢研究會◎著／林宜錚◎譯

大風文化

▼目次／哆啦A夢最終研究

Chapter 01 大雄的兩個未來

Chapter 02 竹蜻蜓與飛行道具

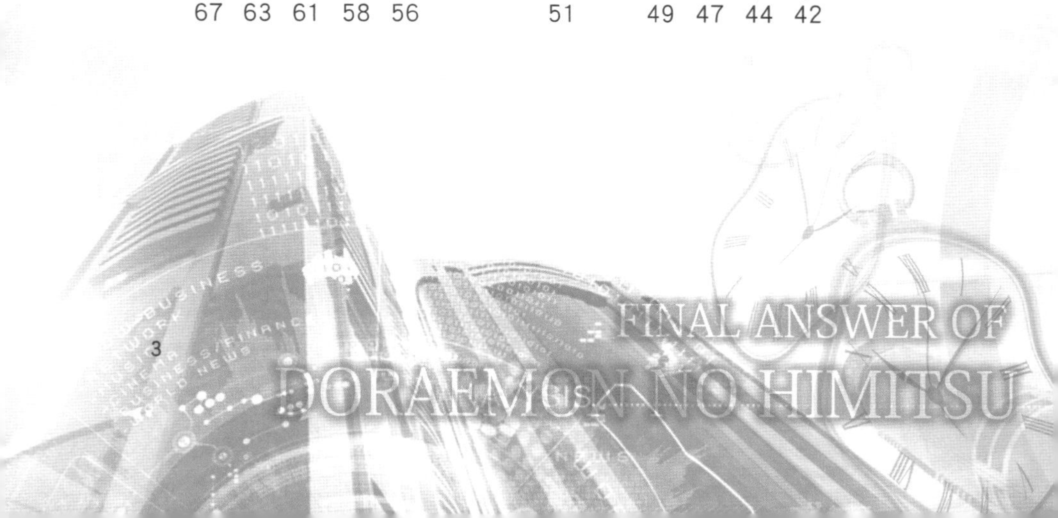
FINAL ANSWER OF
DORAEMON NO HIMITSU

Chapter 05 野比家的現在、過去與未來

FINAL ANSWER OF
DORAEMON NO HIMITSU

Chapter 11 小夫與小杉的祕密

Chapter 12 靜香與大雄的未來

Chapter 13 終極、萬能，以及毫無用處的道具

Chapter 14 野比大雄的家族總覽

Chapter 15 其他登場人物

凡例

※本書為データハウス（Data house）於一九九三年四月二十一日所發行的「ドラえもんの秘密（哆啦A夢的祕密）」之新裝版。是根據日本小學館所發行的藤子・F・不二雄著之《哆啦A夢》第①集至第㊸集，以及「大長篇」第①集至第⑪集為參考資料所撰寫的非官方研究書，內文底下的①6、⑪113等，表示內容出自該集該頁。

▶ Chapter 01 ◀

大雄的兩個未來

◎1970年「哆啦A夢登場」

哆啦A夢於西元1970年的新年在這世界隆重登場。大大的圓臉（①6）配上六根鬍鬚，身高129．3公分，上半身達100公分的超短腿（⑪113），沒有手指，肚子部位像袋鼠一樣有個口袋。這個真實身分不明的生物（？），有一天突然從野比家的獨生子——大雄的書桌抽屜中現身。（①7）

然後，才大過年的他就說出「野比大雄三十分鐘後會被吊起來」這麼不吉利的話。甚至還說：「你一直到上年紀、老死為止，都不會碰上什麼好事。我就是專程前來拯救你脫離這個淒慘命運的。」

緊接著，一名叫做世修（又譯小雄）的男生也從書桌抽屜中現身。儘管他沒有戴眼鏡，髮色與服裝也迥不相同，但世修的樣貌簡直（①9）就是跟野比大雄從同一個模子刻出來的少年。這樣的世修如此說道：

「爺爺不管做什麼都一事無成。讀書也不行、運動也不行，就連猜拳也不曾猜贏過。就算長大之後也不會遇上好事，但是從今天開始哆啦A夢會跟在你身邊，你大可以安心了，爺爺——」

看似同齡的世修，不知道為什麼稱呼大雄為「爺爺」註*。從書桌抽屜中現身的兩人，說自己「來自於未來世界」，搭乘時光機而回到過去（現今）。世修是大雄的子孫，是孫子的孫子，而哆啦A夢則是未來的機器人。

雖然這段話來得既突然又令人難以置信，但三十分鐘後，哆啦A夢所說的聳動預言「野比大雄三十分鐘後會被吊起來」竟然應驗了。

大雄聽見有人呼喚「大雄～」，然後他從窗戶探出頭便看到靜香・與小珠站在窗戶下方。兩人似乎是在玩羽子板註**，要大雄幫忙撿屋頂上的羽毛球。因為大雄的房間在二樓，只要跨出窗戶就能走到屋頂上。

①13

註* 大雄其實是世修的爺爺的爺爺，但後來嫌麻煩，就簡稱爺爺了。

註** 日本新年時的傳統遊戲，類似現代的羽毛球拍，也有能夠趨吉避凶的擺飾用羽子板。過去板面會畫上歌舞伎的圖案，如今也有繪製許多名人或知名動畫角色的圖案。

而當大雄正打算去拿羽毛球的時候，不小心在屋簷上滑倒並往下墜落，於是衣服就被院子裡的樹木勾住，整個人掛在半空中了。

「哎呀，竟然被吊起來了。哇哈哈哈！」小珠邊說還邊粗魯地放①14聲大笑。

站在來自於未來的世修與哆啦Ａ夢的角度，大雄未來會發生的事情為過去的既定事實。換句話說由整體看來，他們能夠鉅細靡遺地預知詳情。

◎哆啦Ａ夢為何出現在二十世紀？

野比大雄子孫輩的野比世修，於西元2125年的東京生活。地址⑩55為東京市練馬區芒原街。大雄也曾經在之後的故事中，搭乘時光機造㉑61訪這個時代。

當時正值暑假，也許是眾人傾巢而出度假的關係，街上人影稀疏，唯獨世修一人在公園玩「立體侵略者遊戲」註*。在空中投射外星侵略的3D影像，並以光線槍將它們擊落，可以說是很有二十二世紀未來世界風格的豪邁遊戲。 ㉑71

接著出現一名叫做巨無霸（JUMBO）、與胖虎長得一模一樣的少年說：「我剛從月亮旅行回來，火山口巡禮好棒喔。」接著，與靜香長得一模一樣的女孩子則是戴著竹蜻蜓飛抵，說自己「去火星玩了一趟」。再來是與小夫長得一模一樣的少年說著「環遊太陽系一圈真是太有趣了」。朋友一個接一個聚集而來，並大肆炫耀一番。 ㉑73

「放暑假哪裡都沒有去的，大概也只剩我們家了吧」世修忍不住大發牢騷。

註＊　一般稱為「小蜜蜂」（電玩遊戲）。

「都是因為爺爺你不振作，連累了我們這些後世子孫」世修又接著責怪大雄。

根據世修的說法，似乎是由於「大雄留下來的債務金額實在太過龐大，即使直到一百年後的今天也仍然償還不完」的關係。[①17] 為了把這個替家族帶來極大困擾的祖先，導引至好一點的方向，所以派遣哆啦A夢去找他。這就是哆啦A夢來到二十世紀野比家的理由。然後，根據哆啦A夢從未來帶來的「大雄的相簿」，能夠得知大雄將來的狀況[①16]似乎如以下所示：

9年後——考大學落榜（重考一年後以候補名額入學）。[㊷190]

18年後——找工作找不到便自己開公司。

23年後——因為放煙火害整間公司燒掉。

25年後——公司倒閉後，墜入欠債地獄。

於是，因為這筆欠債的關係，使得第五代子孫世修也不得不過著貧困的生活，面臨「世修今年的壓歲錢只有區區五十日圓」的窘境。①17

更甚者，似乎有更加慘絕人寰的悲劇在未來等著大雄。

◎「大雄與小珠結婚」是真的嗎？

原作那本相簿裡貼著大雄舉辦婚宴的照片中，長大成人的大雄身穿大禮服[註*]，身旁坐著一名身穿新娘禮服的女性。然而，那名女性並非大雄平日暗戀的同班同學——源靜香[註**]。①11

那張照片是雙人合照，大雄的身邊是一位完全不像靜香，身材胖嘟嘟、即使是說客套話也稱不上是美女的女性。

「十九年後，爺爺會跟小珠結婚喔」世修這麼說。①10

註* 最正式的西裝，前襬從前扣下方往兩邊分岔開來，長後襬從腰部延伸至大腿根部。

註** 日文稱小靜（しずちゃん），動畫則常用靜香（しずかちゃん）來稱呼，又譯宜靜。

說到小珠[註*]，就是大雄的同班同學兼孩子王・胖虎的妹妹。小珠也就是那位看到大雄發生意外時，卻大聲地取笑他「被吊起來了耶，哇哈哈哈」的女孩子。大雄將來註定會與這樣的女性結婚。順帶一提，胖虎只是綽號，他的本名為剛田武，但小珠似乎正是本名。換句 [⑩11] 話說，野比大雄會與剛田小珠結婚。而從這個時間點起，胖虎即一躍成為大雄的大舅子。

相簿還有後續。變得越來越圓潤的小珠，以及反觀越來越骨瘦如柴的大雄，總共生下六名子女。其中一名小孩的曾孫即為世修。[⑪11]

然而，其實野比大雄還有另一個不同的未來。那個未來就是（各位也相當熟悉的）大雄終於美夢成真，與源靜香結婚了。

註＊　原文為ジャイ子，從胖虎（ジャイアン）而來，如果依照胖虎的舊稱技安之命名規則，則可譯為技子，或依照胖虎這個名稱，譯為胖子、胖妹。

在這之後，大雄與哆啦A夢曾經搭乘時光機造訪二十五年後的未⑥161來。大雄與靜香結婚後住在高級大廈裡，並育有一名與現在的大雄同年紀，名為雄助的小孩。而在更之後的故事中，這位雄助曾經離家出㊱135走，搭乘時光機來到現代。甚至連雄助的小孩也登場了。㊱141

換言之，大雄與靜香結婚後也有子孫，而這條血脈似乎也是無庸置疑的實際未來。

綜合以上所述，大雄擁有兩個完全不同的未來，而這其中到底有什麼蹊蹺呢？

◎如果大雄與靜香結婚的話，很有可能會跟小珠發生外遇!?

哆啦Ａ夢會從未來回到現在，原本目的就是為了將大雄悲慘的命運導引至稍微好一點的方向。於是，哆啦Ａ夢為了達成這個目的，能夠做的事情就是，將大雄的結婚對象改成理想的女性．靜香。

但是這麼一來的話，大雄與小珠的後代子孫．世修，又會面臨何種命運呢？這就是時光機相關題材經常探討的時間悖論。舉例來說，世修面臨的情況等同於搭乘時光機回到過去，在自己出生之前抹煞雙親的意思。

而且果然連大雄也察覺到此一矛盾，所以他才詢問世修「如果我的命運獲得改變的話，你就不會出生在這個世界上了耶」。

不過，根據使用時光機如家常便飯的未來人類．世修的說法，則是——「大自然自會找到其他平衡的方式，你不需要擔心。即使歷史①18的洪流改變，我終究還是會誕生於這個世界上。舉例來說，就像是你從東京前往大阪，可以透過許多交通工具或道路抵達。不管你選擇哪一個方式，只要方向正確都能夠抵達大阪。」

大雄似乎接受了這種說法，不曉得各位如何呢？

如果按照世修的說明，即使大雄與靜香結婚，而其子孫則會在某一代混入小珠的血脈，然後世修便會在未來某個註定的時間點誕生。

不過，即使世修的情況似乎能藉由這個說法獲得解答，但原本會由大雄與小珠生下的六名子女，命運到底會變得如何呢？這些孩子們應該也與世修相同，擁有在不久的將來必定會誕生於這個世界上的命運才是吧。

如此一來，因哆啦Ａ夢而改變的未來中，大雄確實會與靜香結婚，然而另一方面又似乎必須與小珠發生外遇，才能夠在外面生下六名子女。等在大雄前方的可以說是混亂無比的未來啊。

另外，靜香也不例外。在原本的未來中她不會與大雄結婚，理所當然會與別的男性共組家庭，且生下孩子的可能性也相當高。換句話說，靜香也勢必得和大雄一樣跟別人外遇，不得不懷上那名外遇對象的孩子。如此說來，改變未來（對世修而言是過去）的代價，對大雄與靜香來說也實在太過沉重了吧。

◎大雄與靜香的「Happy Ending」全貌

其實，如果想要消弭所有的時間悖論，並獲得眾人期待的Happy Ending，那麼只有一個可能。

那就是「大雄與小珠結婚」以及「大雄與靜香結婚」，這兩個未來其中之一為不折不扣的「謊言」。理所當然的，將大雄與小珠結婚的這個未來，視為「謊言」絕對比較恰當。

更何況，仔細思考一下，大雄與小珠結婚的這幅未來藍圖的證據，只存在於哆啦Ａ夢所帶來的「相簿」中。並非實際搭乘時光機，親自目擊到的未來。

另外，哆啦Ａ夢在後來的故事中頻繁使用的未來道具裡，有個名為「時光電視」的道具——能夠觀賞過去或未來所有情景的影像——只（①111、⑮110等）要使用這個道具，應該也能夠輕輕鬆鬆映照出大雄結婚典禮的狀況。

但是，不知道為什麼關於大雄與小珠結婚的情景，卻是以跟不上科技時代的相簿呈現。相片這種東西，即使不需要憑藉二十二世紀的科技，也能夠進行偽造吧。

換句話說，我們可以將這本相簿視為「謊言」。想當然耳，製作這本詐騙相簿的凶手就是世修與哆啦Ａ夢。那麼，他們為什麼要製作這種東西給大雄看呢？

自然而然就會令人聯想到，這本相簿其實是為了讓大雄明白「如果大雄繼續過著好吃懶做的生活，未來會相當悲慘喔」，是本帶著威脅性，具有激勵作用的教科書。

再加上照片上的大雄是一名戴著眼鏡、骨瘦如柴的男性。

然而與靜香結婚二十五年後的未來大雄，身材相當胖（正好與大雄的父親差不多），也沒有戴眼鏡。看來他的近視到那個時候已經治⑯39好了。這兩者之間的差異性也實在太大了吧。

換句話說，不論哆啦A夢出現與否，大雄會和靜香結婚，未來似乎原本就只存在著一條軌道而已。

無論如何，哆啦A夢達成使命回到二十二世紀的那一天終究會來臨。等到那個時候，這個疑問自然能夠獲得解答，而且也能確定前面所做的推理是否正確了。

▶ Chapter 02 ◀

竹蜻蜓與飛行道具

◎竹蜻蜓是什麼時候發明的？原理又是什麼？

想要自由地在天空中飛翔，這是大家都曾有過的想法。能夠實現這個夢想的，就是未來道具「竹蜻蜓」。①18

竹蜻蜓（又譯直升蜻蜓）在單行本第①集第1話登場，是資歷最長的未來道具，而且也是直到如今仍然被頻繁使用的必備道具。只需要把小小的螺旋槳戴在頭上，就可以自由自在地飛翔於空中。外觀看似單純簡樸的物品，其中的構造原理卻沒有人知道。③118

可能因為對將來感到很不安，大雄好像偶爾會搭乘時光機偷偷造訪「二十五年後的未來」。不過到目前為止，除了大雄會與靜香結婚之外，未來還會發生什麼其他的事我們都還不知道。

不過，我們可以從「二十五年後的未來」的場景中，得知當時的科技發展到什麼地步。舉例來說，根據大雄的兒子雄助所說的「在無⑯36重力劇院舉辦演唱會」，而且當雄助一跨上很像摩拖車的交通工具後，就立刻朝天空飛去。看來當時的科技，似乎已經進展到能夠控制重力的程度了。

還有，在另一幕二十五年後的場景中，我們也看到雄助戴上「竹㉖184蜻蜓」飛到天空中的場面。可知竹蜻蜓在這個時間點已經存在了。

換句話說，在二十五年後的未來世界中，控制重力的科技已經被實際運用，所以也不難想像竹蜻蜓這項科技發明後來一直沿用下去。

但是仔細思考的話，光憑那麼小的螺旋槳應該無法讓人類飛上天空。更何況，即使螺旋槳能夠捲起足夠的風力，接下來卻會面臨到人類無法承受強勁風勢的問題。換句話說，竹蜻蜓必須控制重力，將人類的重量減輕至趨近於零的狀態，再由螺旋槳產生微弱的風力進行推進，應該會是這種兩段式的動力構造。但是這麼一來的話，人類的身體會朝螺旋槳旋轉的反方向進行旋轉（直升機就是透過機尾的旋翼來防止這種現象），更別說要維持絕佳的平衡控制，肯定必須耗費很大的一番功夫。

◎竹蜻蜓的性能好不好？

根據哆啦Ａ夢表示，「竹蜻蜓在時速八十公里的狀態下連續飛行八小時，電池就會用完」。長篇①78

這種情況好像只要更換新電池就沒問題了，但故事裡卻完全沒有出現關於這方面的場面。而且電池耗盡似乎就無法繼續使用，在大長篇的冒險故事中登場時也常常會惹出麻煩。恐怕竹蜻蜓使用的是充電式電池，而充電方式一定很特別。

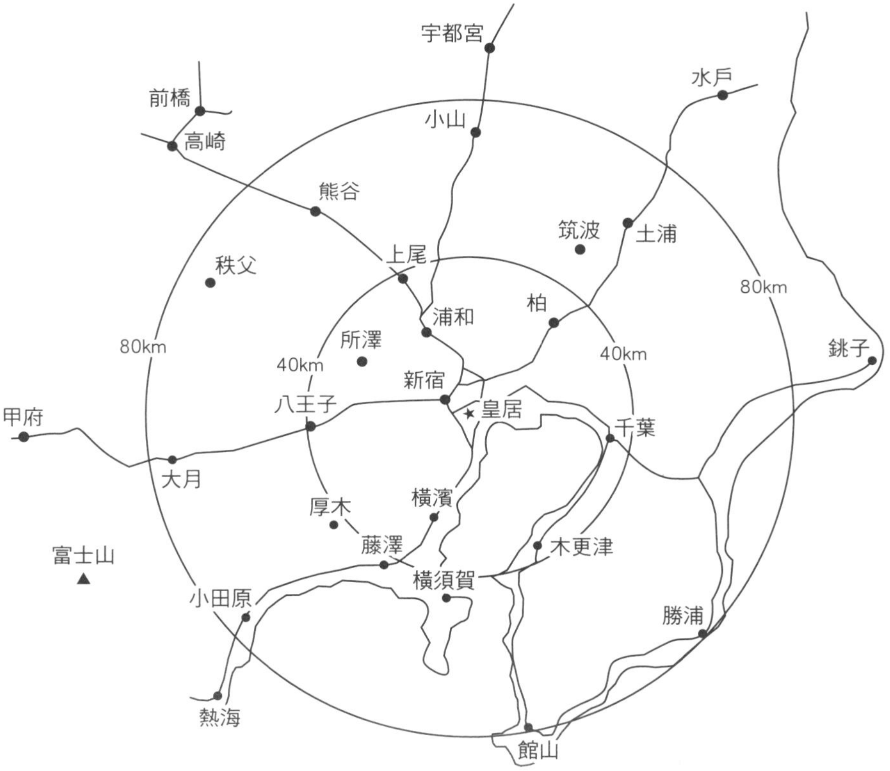
宇都宮
前橋
水戶
小山
高崎
熊谷
筑波
土浦
上尾
秩父
80km
柏
浦和
80km
所澤
40km
40km
銚子
40km
新宿
甲府
八王子
皇居
千葉
大月
橫濱
厚木
藤澤
木更津
富士山
橫須賀
小田原
勝浦
熱海
館山

◎竹蜻蜓的行動範圍

換句話說，一支竹蜻蜓最多只能飛600公里左右，大約是東京到大阪的距離。當然，搭乘二十世紀的新幹線更有效率，這一點應該不用多做說明，畢竟竹蜻蜓原本就是用來進行短距離移動的道具。

另外，雖然八十公里的時速感覺不是很快，但與汽車相比，竹蜻蜓能夠在完全不會有塞車問題的天空飛行，再加上能夠一直線飛向目的地，性能可以說是非常優秀。

順帶一提，從東京車站出發的話，飛到池袋只需六分鐘；到千葉二十五分鐘；到三鷹十四分鐘；到大宮二十分鐘，甚至飛到富士山也只需要一小時多一點點的時間就可以到達了。如果要在東京都內或近郊飛行，竹蜻蜓可以說是很重要的道具。

還有，即使身處二十二世紀，世修與同班同學們似乎也會在日常[㉑73]生活中使用竹蜻蜓。仔細想來，竹蜻蜓能夠讓人幾乎在沒有任何裝備的狀態下飛行，可見其性能還算不錯。看來竹蜻蜓身為最暢銷的機器，確實有它的理由。

那麼關於竹蜻蜓的使用方法，開關是位於根部附近，將竹蜻蜓戴⑭86在頭上之後，打開這個開關就可以升空。但是，戴之前就先打開開關的話，竹蜻蜓會自己飛走，使用時好像要特別小心。然後再按一次開關的話，似乎就能夠「隨心所欲」地操控方向或調節速度等。想必竹蜻蜓被設計成能夠讀取人類大腦思緒的構造吧。

另外，雖然有在強風時難以駕馭的缺點，但是跟能夠製造出颱風眼的道具──「颱風複眼」一起使用的話，便能輕輕鬆鬆地在強風中長篇⑩21飛行。而且還有一點，雖然知道的人不多，但竹蜻蜓在水中也可以使長篇④64用，能夠發揮驚人的性能喔。

◎其他還有哪些反重力類別的道具？

開門見山的說，就是故事裡曾經有以控制重力為目的而登場的道具——「重力調節器」。它的外觀與日本公共澡堂裡的體重計相似，㉜76 是體積較大的道具，但似乎能夠任意地創造出0到100G的重力。

另外，它的影響範圍能夠任意設定成只有房間內部、整個家裡，甚至是擴展到附近一帶。將刻度調高至最上限時，說不定整個地球表面都會陷入無重力狀態（但是如果發生這種事，大氣就會飄散至宇宙，這才是地球面臨滅亡的危機呀……）。

一旦透過這個重力調節器製造出無重力的狀態，就會與遨遊宇宙的太空梭機艙內部呈現相同狀態，人們能夠輕飄飄地飛在空中。哆啦A夢甚至還會搭配使用套在手指上的小型火箭。雖然是透過這個小型 ㉜78

火箭調整方向與速度飛翔，不過這樣的飛行方式與現代科技簡直一模一樣。

另外，也有能改變單一物體重量的道具，名為「加重•減輕燈[註*]」㉖85（另譯加重燈[註**]或重量燈[註***]），外型很像手電筒。物體光是被這個燈照射到，重量就會產生變化。使用這項道具能夠變輕變重，就像大雄的媽媽玉子想要減重時，哆啦Ａ夢就利用它減輕體重，像這種情況也是可以使用的。

但是如果用了這種道具，即使是身材圓潤的女性站上體重計，也會出現體重只有三十公斤的神奇現象。不用說了，這樣反而會對節食造成反效果吧。

註* 華視動畫版譯名。
註** 青文舊版譯名。
註*** 大然譯名。

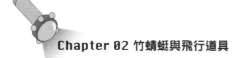

另外，哆啦Ａ夢的妹妹哆啦美所拿出來的道具是「如意磅秤」。㊶175儘管在外觀與使用方式上有點不同，但這個道具的功能與「加重減輕燈」完全一樣。這一款未來道具，同樣也曾使用在玉子的節食煩惱上。

玉子好像一直都很在意自己的體重，只是稍微重了0.5公斤也會把氣出在家人身上，這種個性真讓人有點傷腦筋，簡直就像患上俗稱的「節食症候群」一樣。

然後，不管是使用「如意磅砰」或「加重減輕燈」，都能和「重力調節器」一樣飛上天空。㊶180

其他還有在未來遊樂園裡，被稱為「三輪飛機」的遊樂設施，也㉖122在故事中登場。說穿了，就是飛機版的三輪車，但千萬不能因為這個名字就小看它。即使與現代的輕航機相比，性能也絕對差不到哪裡去，不管是翻筋斗、滾動翻轉、螺旋等飛機特技樣樣難不倒它。

它跟輕航機不同的地方，在於這款三輪飛機「使用腳踩踏板旋轉螺旋槳，藉此獲得推進力」的特性。換句話說，類似現代的一種人力飛機，但這項未來道具裡應該有內建控制重力的功能。只要能夠減輕重量，接下來就能以各種方式飛翔於空中。

此外，故事中也曾經登場過幾乎與這項道具一模一樣的未來型「輕模型飛機」（另譯輕型飛機、羽量級飛機、羽毛飛機）。這個輕 ㉜69 模型飛機大到能夠載著人飛行，卻「僅憑一根手指頭即能舉起來」，不難想像其中應該也內建了反重力裝置。只不過，這架飛機的螺旋槳是以橡皮筋產生動力，因此必須要常常下飛機捲緊橡皮筋。應該算是偏個人嗜好方面的小玩意吧。

其中還有個有點詭異的「飛空薄毯」（另譯飛翔毛毯）。此項道 ㉙131 具外觀即為布匹的模樣，能夠隨意裁剪大小後使用，並且會對飛翔、升起、飄浮等話產生反應而飛起來，後來似乎因為難以控制而停售。

然後，其他也有被認為是以這個「飛空布料」為素材的幾樣未來道具登場。例如飄飄彩帶（另譯飄飄帶、飛天羽衣）、超人披風、貓 ②68 頭鷹裝（另譯貓頭鷹超人）、飛天布巾（另譯飛天布、飛包袱）等各 ③70 種道具，光看名字也能大致想像其屬性。性能方面好像就普普通通 ㉞36 了。在未來的世界中，似乎連這種輕薄的布狀物都具備控制重力的功 長篇⑪171 能。

另外也有幾樣不是用來飛行，但與控制重力有關的道具登場。舉例來說，「引力油漆」（另譯重力油漆）——只要塗上這個油漆的面 ⑤25 就會變成地板，也就是能夠製造出引力的道具。換句話說，無論是牆壁、天花板，只要塗上這個油漆，就能像是行走於地面一樣走在上面。

還有「輕鬆搬運手套」（另譯輕鬆手套），只要戴上這副手套， 長篇⑦16 不管是多麼重的物品都能夠輕輕鬆鬆搬運。果然也是會令人聯想到重力方面的道具。

◎其他還有哪些飛行道具？

「哆啦A夢」第①至㊸集、「大長篇哆啦A夢」第①至⑪集中，大概介紹過四十種能夠飛行的未來道具。但是大部分都只登場一次。在這裡就來介紹其中幾種特別的道具吧。

強力風神扇（另譯風神扇、神力扇、風神扇子）——只要搧動這把（⑬155）扇子就能引起強風，因此雙手只要各持一把扇子揮舞即能飛起來。故事中出現過大小兩種類的「風神」，另外，也有與此項道具幾乎相同（長篇⑪76）的「芭蕉扇」。不同之處在於，芭蕉扇只需要搧動一次就能維持長時（㊳112）間的效果，同時也附有一些額外功能，例如能夠搧出帶有森林香氣的風、味道香甜誘人的南國之風、南極暴風雪等。

§

火箭吹管（另譯火箭吹桿、火箭吸管）——吸管狀的小道具。將這㉕38個放進嘴裡吹氣後，前端就會噴出猛烈的空氣，似乎能夠藉由這道噴射力於空中飛行。

不過，它雖然能夠與竹蜻蜓一樣輕鬆飛行，但反過來說它的致命缺點是吹氣無法持久，或是如果大笑導致吹管脫落的話，就會立刻墜落地面，可以說是相當危險的道具。

話說回來，在世修所生活的二十二世紀，似乎不會有發生這類危險的疑慮。大雄造訪二十二世紀時，曾經從摩天大樓的頂樓墜落，然㉑63而隨著他越接近地面，墜落的速度居然緩和了下來，最後輕飄飄地著地。雖說是二十二世紀才會有的高科技，卻也因為有這種安全機制的存在，所以就算使用前面幾項廉價道具飛行於空中，心裡也不會感到不安吧。

只不過，在沒有這種安全機制的現代，使用來自於二十二世紀的飛行道具，可以說必定伴隨著一定的危險性。

§

・漂浮丸（另譯輕飄飄藥）——根據哆啦A夢的說明，「一咬下這顆藥丸體內就會充滿氣體，變得比空氣還輕盈喔！」但是一切原料皆不明。順帶一提，即使吸入大量地球上密度最輕的氫氣，身體也無法漂浮於空中喔！這是理所當然的道理。仔細一想，也許這項道具產生的氣體也是具備反重力功效的物質也不一定。 ⑪35

§

・輕鬆省力釣竿（另譯輕而易舉的釣桿、輕鬆釣魚竿）——只要用釣線前端的吸盤黏住物體，就能輕輕鬆鬆舉起來的道具。這種道具的用途與先前介紹過的「輕鬆搬運手套」之類的道具幾乎相同，不難想像利用的原理是把要搬運的物品重量都減成零。 ㊳122

換句話說，這是控制重力的道具。然後，如果用這個吸盤黏住自己的背部，自行拉線的話，身體就會漂浮起來，朝線所拉扯的方向飛去，所以也能透過這種方法在空中飛行。

然而，這項道具的使用方法似乎有點違反常理。乍看之下似乎能用這個方式飛行，但只要想像一下太空梭內的情形，想必就能發現其中的矛盾之處。舉例來說，就像是漂浮於宇宙的太空人自己抓住自己的後衣領，然後扔出去的感覺。

用吸盤黏住身體後，身體就會呈現無重力狀態，如此一來確實能夠漂浮起來。但是，接下來無論怎樣拉動釣線，身體應該都不會飛出去才是。不過，看到大雄與哆啦A夢都能夠透過這個方式自由自在地飛行，其中想必隱藏著我們所不知道的構造原理吧。

▶ Chapter 03 ◀

哆啦A夢的祕密

—— 22世紀的貓型機器人 ——

◎為什麼哆啦A夢沒有手指？

哆啦A夢出生於西元2112年9月3日。不過，被視為有瑕疵的機器人而遭到特價出清，於2115年被世修一家買下。⑪176

當時的世修還只是個剛學會爬的小嬰兒，換言之，我們可以推敲出2125年將哆啦A夢送至二十世紀時，世修大約十歲或十一歲。另外，世修也有在購買「小學四年級生」的兒童雜誌，因此能夠肯定他就讀國小四年級。⑩54

接下來，在此說明一下哆啦A夢身為機器人所具備的功能吧。

首先是彷彿橡皮球般沒有手指的手。一般稱之為「吸盤手」，似乎像吸盤一樣能夠吸黏任何物體。但不適用於精細作業，所以無法玩大雄擅長的翻花繩。另外，也不擅長吊單槓。⑪176 ⑮188、⑲10

雖然哆啦A夢偶爾會修理一些精密的機械道具，但絕大部分都得仰賴「萬能改造自動螺絲起子」或「技術手套」等等，專門用來修理（㉛163、長篇⑥86）機械的超級優秀未來道具。另外，哆啦A夢也使用過「作夢確認機」（長篇②94）之類的道具。這是純粹只會捏人臉頰的機器，與其他未來道具比較起來明顯弱了一大截。但是，從哆啦A夢的立場看來，此項道具絕對有存在的必要。因為用自己的手捏人臉頰實在太不方便了。

我們也能透過哆啦A夢的手與道具，稍微來了解一下未來設計的部分邏輯與思想。簡單來說，機器人的手或道具並不會具備萬能功用，而是配合各種用途分類成各種方便的道具。世修生活的二十二世紀，就是擁有這種概念的高科技世界。

另外，被世修評為「連猜拳都猜不贏」的大雄，也因為哆啦A夢來到他身邊的關係，終於出現世界上唯一一名他猜拳猜得贏的對手。（⑲117）大雄至少能在某件事情占上風，也許正是世修貼心的考量也不一定。

話說，哆啦A夢臉上的六根鬍鬚是「雷達鬍鬚」、鼻子嗅覺是常人的200倍、掛在脖子上的鈴鐺是「貓咪召集鈴」，然而上述的每一樣都無法正常運作。此外，鈴鐺在之後的故事中，也曾經被改成隱藏式的「小型照相機」。⑪173 長篇⑩38

◎拿出道具時，為什麼每次都要念出道具的名稱？

接下來要介紹的是，在哆啦A夢肚子上、家喻戶曉的知名口袋。它的名字是「四次元口袋」（另譯四度空間袋、百寶袋），內部的空間有無限大，不管體積多大的道具似乎都能夠無上限地塞進口袋之中。⑯69 另外，這個口袋是可替換式，能夠任意拆卸。㉕26

然後，還有一個相同的備用口袋，哆啦A夢偶爾會將口袋拿去清洗，輪流使用。此外，這兩個口袋的內部似乎是相連的，將道具放入其中一個口袋，也能從另一個口袋取出。

換句話說，只要獲得一個四次元口袋，就能稍微過過當哆啦A夢的癮。一如往常地，大雄也曾經偷偷做過這種事，不過也想像得到，大雄不可能完美地掌握這個口袋的使用訣竅。像當他想拿出能夠迅速完成作業的道具時，竟然出現「任意門」；想要拿出飛行道具，結果卻出現巨大的UFO。㉕31

看來從口袋取出道具時，似乎得根據「一邊在心裡默念想要的道具，一邊將手伸入口袋中，這麼一來就能抓出適當道具」的原理。㉕27

既然如此，那有必要在每次取出道具時，都要喊出「任意門」等的道具名稱嗎？不過，也許能夠想成是藉由說出道具的名稱，讓人更確實地意識到使用的目的。雖然大部分的人似乎是抱持著「喊出來是為了告訴讀者哆啦A夢的道具名稱」的想法。不過上述兩種理由應該是相輔相成，而不是單獨存在的吧。

不管怎麼說，口袋的設計能夠感應精神狀態而運作，可以說是很有未來道具的風格。不過，這樣的產品也有不好用的時候。

舉例來說，哆啦A夢在保持著平常心的狀態下，能夠隨心所欲地從口袋裡掏出道具。但是，如果遭到敵人偷襲而慌張起來的話，哆啦A夢就會大秀看家本領——「不是這個，也不是那個」灑出一大堆沒有用的道具之後慌忙逃跑。

長篇①131、 長篇①118 同⑧77、 同④118等等

因為擁有一顆與人類相同的心，所以這是只有哆啦A夢才會發生的醜態，也就是哆啦A夢陷入大混亂的狀態。而口袋的感應器就這樣來者不拒地照單全收，才會導致這種情況註*。能夠感應精神狀態的機械，好像也不是那麼好控制的。

註* 哆啦A夢陷入混亂時從口袋掏出來的道具，不知道為什麼大多是現代的日常用品（詳情可參見日版哆啦A夢大長篇第①集第118、131、179頁，大長篇第②集第175頁、大長篇第⑧集第77頁等）。

◎哆啦Ａ夢有性別之分嗎？哆啦Ａ夢喜歡什麼類型的母貓呢？

這是發生在某一天的事情，「對一位可愛的女生一見鍾情，連最愛的銅鑼燒都吃不下。」哆啦Ａ夢為此哀聲嘆氣著。而當大雄為了撮合哆啦Ａ夢而跑去幫忙探查情況時，意外發現對方是一隻倒在路上的玩具貓。對此哆啦Ａ夢本人則表示：「玩具貓咪有什麼不好！我本來就是貓型機器人啊！」⑭113

於是，哆啦Ａ夢從原本的主人手上強行要來那個玩具貓咪，並且毫不吝嗇地投入自動吃東西裝置、自動行走裝置、自動爬樹裝置、自動抓癢裝置、自動聊天機等未來道具，抱持著科學怪人裡瘋狂博士那樣的強烈執著，將普通玩具重頭到腳改造成未來的機器人。然後，當哆啦Ａ夢自我介紹說「我是哆啦Ａ夢，妳的丈夫」時，那隻玩具貓回

FINAL ANSWER OF DORAEMON NO HIMITSU

覆「你好奇怪喔，說什麼丈夫，我可是公的耶」。聽到他這麼說，哆啦Ａ夢也只能痛哭流涕了。

我們可以從以上的小故事中得知兩件事。其一是哆啦Ａ夢也會墜入愛河，另一點則是哆啦Ａ夢是男生、公的、♂……其實我們不太知道該用哪種方式表現機器人的性別，但總之哆啦Ａ夢是男性。

言歸正傳，前面的小故事其實只是例外，實際上令哆啦Ａ夢墜入愛河的對象，幾乎都是活生生的貓咪（♀）。像哆啦Ａ夢剛來到大雄家時，他羞澀得沒辦法主動向心儀的貓咪攀談，後來總算跟一起去西 ⑦48
表島登山的「小玉」（另譯咪咪）譜出戀曲，也出門約會了好多次。㉟114、㊱89

另外，哆啦Ａ夢也曾經愛上似乎是大家閨秀的波斯貓小姐，用未 ㉗24
來的貓咪用品「柴魚口香糖、木天蓼香水、暖爐房子」等討她歡心，㉗25
看起來好像也順利地擄獲了芳心。但由於情敵貓出現，因嫉妒而抓狂的哆啦A夢，甚至還曾經從口袋裡拿出名為「地球毀滅炸彈」（另譯㉗28破壞地球炸彈）這麼嚇人的道具。而且，哆啦A夢所愛上的母貓們之間有一個共通點——都是純白的貓咪。

◎哆啦A夢需要上廁所嗎？

話說，哆啦A夢能夠直接跟貓咪進行對話，卻無法與其他動物直接對話，必須借助「動物語言耳機」㉒180的幫忙。另外，同類型的道具還有知名的「翻譯蒟蒻」⑫167、⑰142等等，這種道具則用來與外國人或外星人對話。

像這樣，哆啦A夢愛上活生生的母貓（偶爾是機械貓），並且能夠與貓咪直接對話，或許可以用「二十二世紀的『貓型機器人』原本就是如此」一語帶過，不過這樣的機器人實在是相當奇妙的存在。

再加上，哆啦A夢似乎也會瞞著大雄，偶爾偷用未來的顯像道具偷窺靜香家的浴室。換句話說，哆啦A夢似乎也對人類女性懷抱著興趣。裝在哆啦A夢大腦裡的電腦，到底是以何種程式運作的呢？ ㊱151

而且，哆啦A夢還有好幾則令人感到匪夷所思的事。舉例來說，眾所周知哆啦A夢最愛的食物是銅鑼燒，但他也能吃除了銅鑼燒之外 ①155等等 的人類食物。吃進去的食物會被輸送至內建的小型原子爐，似乎能夠 ㉑74 進行百分之百的有效利用。換句話說，最普遍的說法就是哆啦A夢不會排放任何廢氣。

不過，當他們留宿在（胖虎的叔叔擔任住持的）山林寺廟時，曾經出現哆啦A夢去上廁所，站在男生小便斗前的鏡頭。哆啦A夢當時 ㊲169 到底打算做什麼呢？難道說是哪裡漏油了？

另外，哆啦A夢有個名為哆啦美的妹妹。哆啦美與哥哥哆啦A夢 ④46等等 不同，是名優秀的合格機器人。偶爾會與哆啦A夢換班，幫忙照顧大雄，但平日通常都是待在二十二世紀的世修家。 ㉔178

這個哆啦美是個相當體貼哥哥的妹妹，每當「昆蟲新聞警報」（長篇⑤168）（另譯擔心蟲）響起時，就會擔心地從二十二世紀趕來。不過，機器人竟然有機器人妹妹，這到底是以何種原則為基準呢？

不過另有一說是「哆啦Ａ夢與哆啦美是喝同一鍋油的好夥伴」，但同樣沒有確切證據。

◎為什麼哆啦Ａ夢會做夢？22世紀「貓型機器人」的真面目是什麼？

更甚者，哆啦Ａ夢似乎是需要補充睡眠的機器人。夜晚時，他會把大雄房間裡的壁櫥當成床睡覺，偶爾也會睡午覺。（㉙47等等）

FINAL ANSWER OF DORAEMON NO HIMITSU

另外，就寢期間被吵醒好幾次的話，他就會雙眼充滿血絲地陷入半瘋狂狀態。看來並非單純為了配合人類的生理時鐘而睡覺，純粹是因為他被設計成需要補充睡眠的機制。[⑤86]

最關鍵性的一點，在於哆啦A夢睡覺時會「做夢」。哆啦A夢有時會夢到盤子中堆滿像小山一樣高的銅鑼燒，如果中途被大雄吵醒的話，就會生氣地大罵「我一個都還沒吃到耶」。[⑳105]

近來的研究顯示，人類「做夢」其實是在刪除清醒時所獲得的各種資訊（記憶）中不必要的訊息，或整理記憶等諸如此類的活動。那麼哆啦A夢大腦裡的電腦，是否也有必要進行這類的情報處理呢？

關於哆啦A夢的大腦是如何組成的，到目前為止仍然沒有任何資訊。但我們也能想成，哆啦A夢的大腦也許是類似生化電腦之類的結構吧。

所謂的生化電腦是將活著的神經細胞做為母體的電腦，以現代科學來說目前無法辦到。但如果擁有二十二世紀的高科技，似乎能夠輕易製作出來。舉例來說，以「進化退化放射線槍」照射活生生的貓咪，就能讓牠進化到以雙腳直立、步行，甚至與人類溝通的地步。然後，將那隻貓的大腦取出後，裝在機械身體上就行了。

⑧116 ㉒186

雖然畫面想像起來有點殘酷，但也許哆啦A夢實際上正是透過這種方式製造出來的也不一定。真是如此的話，圍繞在哆啦A夢身上的眾多謎團，似乎就能說得通了。

例如哆啦A夢會愛上貓咪，能與貓咪進行對話，是因為它原本就是使用貓咪的大腦，所以是理所當然的事情。會對靜香的裸體感到興趣，也是因為它被進化到與人類相同的水準，所以才能夠理解這方面的欲望。需要睡眠、會做夢的現象，也與這個假設不謀而合。

另外，哆啦Ａ夢去上廁所的行為，我們可以視為那是他下意識地做出以貓咪身分活著時的習慣。

那麼，如果哆啦美也是以相同方式製作出來的話，就會導出哆啦Ａ夢與哆啦美還是貓咪時是兄妹關係的結論。

此外，因為使用的是中樞神經系統的活腦，所以自然而然就會衍生出哆啦Ａ夢的壽命總有一天也會走到盡頭的情況。到底哆啦Ａ夢能不能長生不老呢？或是……

▶ Chapter 04 ◀

時光機與長生不老

◎時光機的出口為什麼設在書桌裡？

哆啦A夢與世修從大雄的書桌抽屜中現身，是因為「時光機的出口正好開在那裡」。①10 他們所使用的時光機，理所當然地擁有能夠自由前往過去或未來的時間設定功能，而且似乎也具備能夠指定抵達地點的空間移動功能。長篇①47

然而，如果拿這個空間移動功能與那個知名道具「任意門」相比的話，顯然性能就差很多。雖然可能是操縱者的技術不好，但時光機的出口總是難以開在原本預期之處。

舉例來說，回到一百三十年前拜訪大雄的祖先時，當哆啦A夢一離開出口，就掉在堆肥上。④129 也曾經發生出口開在海中，導致大雄差點溺斃的意外插曲。⑰41 另外，大雄獨自一人操控時光機去見世修的時候，出口竟然開在摩天大樓最頂層的天線附近。㉑62

基於上述理由，我們可以將時光機的出口開在大雄書桌抽屜一事，視為相對較好的結果。

哆啦Ａ夢所使用的是我們熟悉的飛行地毯式時光機（①99等等），但哆啦Ａ夢的妹妹．哆啦美所使用的時光機則是另外一種鬱金香形狀的廂型款式（㉔41）。這些名為時光機的交通工具，只能用於特殊的時空中，撇開因故障而墜毀的情況（長篇①52），並不會有此物出現於現實空間、搭乘此物在空中飛行之類的使用方式。

大雄或哆啦Ａ夢一跳進抽屜裡的洞之後，就會不偏不倚地降落在時光機上（⑤78）。使用時光機的程序為——搭上時光機後在洞窟一般的時空中移動，最後抵達目的時間點或地點後，洞窟的壁面就會打開圓形的洞（偶爾會是方形）（④182、⑩187等等），從那個洞走到外面就是現實空間。

另外，如果只想要時間移動的功能，也有個名為「時光腰帶」⑰38（另譯時光皮帶、時光帶）的道具。只要將此道具圍在腰上即能使用，可以說是相當輕巧的時間道具，只不過好像無法保證會抵達哪個時間點。

◎時光機是什麼時候發明的？

一旦使用這個時光機，為了製造出前往特殊時空的出入口，現實空間也會因此打開一個洞。因此關於這個出入口，有幾點注意事項。一般來說，時光機會停在特殊時空裡的出入口旁，但在這種情況下，洞口會一直維持著打開的狀態。

某天，大雄與哆啦A夢造訪戰國時代的城池時，城主不相信城牆㉔39上開了一個大洞，於是進入其中而且還啟動了時光機。對哆啦A夢他們來說，就等於他們的時光機被人開走了，換句話說，如果發生這種情形，時空旅人便會無法回到原本的時空。

當時哆啦A夢恰好有攜帶「時光電話」，便打給二十二世紀向哆 ㉔41
啦美求救。這個時光電話似乎能夠穿越時間，與過去、未來進行對話。另外還有一台外形不同，但功能幾乎一樣的「時光對講機」（另 ①69
譯時光大哥大、電波販賣器）道具也有登場。

時光對講機在第①集使用過，跟一間叫做「珍品堂」的二十二世紀古董商店通訊。在二十二世紀，即使是現代隨處可見的物品（理所當然地）也會變成稀奇的骨董。因此，也曾經發生過大雄家的家具等 ①81
物品，透過這間店轉售，當天就銷售一空的情形。

順帶一提，雖然內容有點難懂，但根據超光速研究方面的世界權威尼克・赫伯特（Nick Herbert）博士（實際存在的人物）的說法，

「無論是水或聲音、光線，甚至是量子態的機率，只要出現波動必定會遵循一定的波動方程式，此方程式有兩種值——一是極普通的『延遲波』，以及在波動效果的波動發生前所產生的『行進波』。兩種都是以愛因斯坦的極限速度理論為根據，而行進波似乎隱藏著把信號傳送到過去的可能性。」

出自《タイムマシンの作り方（時光機的製造方法）》講談社

換句話說，我們前面介紹的「時光電話」這一類的道具，有可能存在於這個二十世紀的現代。

話說，根據哆啦Ａ夢透過「未來圖書券」郵購的未來書籍《親眼見證日本歷史》可知「時光機是於西元２００８年發明的……」。㊶36

◎「靈魂時光機」是種什麼樣的道具？

哆啦A夢拿出來的未來道具中，截至目前為止可確認約有九百種[註*]，其中與控制時間有關的道具大約一百種……嗯，實在介紹不完。所以，在此介紹一項乍看之下好像會被視為時間類別，但實際上並不是的道具——那就是「靈魂時光機」。⑬146

以漢字表示則為「靈魂」與「時光機」的結合體，根據哆啦A夢的說明則為「這是時光機的一種，但只有靈魂出竅，轉移至以前的自己體內」。

實際使用的瞬間，使用者會立刻倒地不起，呈現假死狀態。然後，只有靈魂回到過去，一旦鑽進自己年幼時的嬌小身體之後，就能夠再次體驗過去的種種。

註＊ 本書製作當時是根據小學館所發行的藤子・F・不二雄所著之《哆啦A夢》第①集至第㊸集，以及「大長篇」第①集至第⑪集為參考資料。

那麼這種道具真的就像哆啦Ａ夢所說，屬於時光機的一種嗎？

「人誕生於這個世界上直到今天為止，所目睹、感受到的經歷都會化為記憶，一絲不漏地儲存在大腦裡。想必也會記得自己剛出生的情形吧。」近來經常聽到的這個論點，其實是以1950年代的某個實驗為依據。

加拿大有位名叫懷爾德・格瑞夫斯・潘菲爾德（Wilder Graves Penfield）的神經外科醫師。他打開病患的頭蓋骨，以電極針刺激曝露在外的大腦表面，進行了相當胡來的實驗[註*]。

於是，該名病患過去的經歷，竟然彷彿正在現實中上演般歷歷在目，就像是重播影片的感覺。

換句話說，前面提到的「靈魂時光機」與此一現象簡直如出一轍。意即此物並非控制時間的道具，或許想成是操控人類記憶的道具會比較恰當吧。

註* 1950年代的潘菲爾德實驗。

◎哆啦A夢曾經讓過世的人死而復生嗎？

假設現在有人死於車禍，如果有時光機的話，就能回到過去防止死亡事故發生。換言之，只要使用時光機就有可能讓人死而復生。

哆啦A夢過去也曾經使用這個方法，讓死掉的生物重新活過來。只不過對象並非人類，而是一隻狗。

某天，靜香在空地的水泥管上嚎啕大哭。似乎是家裡飼養的名叫[③183]佩羅（另譯波吉、小白、保羅）的狗，在那天早上死掉了。

那隻狗是在靜香嬰兒時期就開始飼養的，日後與靜香感情最要好，當她差點被野狗咬時，還曾經奮不顧身地衝上去救靜香。靜香哭哭啼啼地喊著，她的佩羅死掉了。

「我答應妳，一定會讓牠活過來。」如此說著的大雄，跑去向哆啦A夢尋求幫助，但哆啦A夢回答：「竟然做出如此亂來的約定。這個世界上也有我辦不到的事情啊！」並接著說：「你仔細思考一下，③185 如果能辦到那種事情的話，這個地球就會被活著的生物擠爆了。快去回絕掉！」但好一會兒之後，哆啦A夢又從口袋裡拿出「可醫百病的藥劑」（另譯萬病藥）之類的東西，並表示要搭乘時光機回到前一晚。

於是，兩人一起回到前一晚，造訪靜香家的庭院，讓奄奄一息橫躺著的佩羅吃下那個藥。哆啦A夢還叮嚀著：「話先說在前頭，這個③188 藥有可能無效喔！」

想必隱藏在哆啦A夢這句話背後的真正涵義，就是「雖然這是能夠醫治百病的萬能藥，但唯獨對衰老造成的自然死亡無效。即使是未來也不可能改變這一點」吧。

接下來，當兩人搭乘時光機一回到現代，便看到出現在大雄房間裡的靜香。

靜香：「你們跑去哪裡了。我等你們好久。」

大雄：「佩羅還沒活過來嗎？」

靜香：「你在說什麼？你不是要讓牠復活過來嗎？」「你一定要治好牠喔，這是你答應過我的。不能騙人喔。」

於是大雄他們急忙前往靜香家，抵達門前時就看到佩羅跑了出來。看來昨天晚上的藥似乎奏效了。靜香緊緊抱住佩羅，欣喜不已。

其實上述的小故事，並非完全沒有詭異之處。

舉例來說，佩羅因為藥發揮功效而沒有死掉，也就是說牠是處於活著的狀態，靜香根本沒有必要等在大雄的房間，還說「你答應過我的吧」來逼迫他。既然佩羅沒有死掉，那個時間點靜香應該早就知道這個事實。不，別說是逼迫大雄，照理來說靜香應該百分之百會在完全不知道，將佩羅從死亡深淵中拯救出來的大恩人是誰的狀態下，繼續過著一如往常的生活。

不過，假如忽略這類的時間悖論，總而言之哆啦A夢確實曾經讓逝者死而復生。

但是在這之後這隻名為佩羅的狗就不曾再登場過。後來可以在靜香家看到名為奇·羅的中型犬、名為佩·羅[註*]的幼犬，以及名為希·羅的大型犬。儘管每一隻的共通點皆為白色的狗，但都不是佩羅。

⑫142、⑭46、⑯96

佩羅幾乎與靜香同年齡，以狗狗年齡計算的話，年事已高、壽命將盡。儘管用未來的萬能藥讓牠暫時性地恢復活力，最終仍然避免不了自然死亡的命運。

註＊ 同名的另一隻狗。

◎「時光布」是怎麼運作的？

就連幾乎萬能的哆啦A夢也沒有辦法防止衰老。因此我們可以想成，唯獨這類的狀況就連哆啦A夢也束手無策。

話說，哆啦A夢經常使用的未來道具中，有樣被稱為「時光布」②86等等（另譯時光包巾、時光包袱巾）的物品。這個道具外觀只是單純的一大塊包巾，卻是能夠帶來獨特效果的時間道具。

這塊時光布分成表裡兩面，會根據覆蓋面的不同得到完全相反的結果。舉例來說，如果以表面向外的狀態覆蓋的話，老舊的洗衣機就會恢復成全新的狀態。相反地，如果以背面向外的狀態覆蓋的話，這次就會從全新物品變成經年累月使用的老舊狀態。

換言之，時光布這個道具，可以讓對象物品的時間朝向未來前進、或者回到過去。

在這兩個完全相反的現象中，如果是其中之一的朝未來前進現象，以如今的科學並非完全辦不到。因為只要過度使用該物品，就能夠造成急遽老舊的現象。舉例來說，製造商所進行的汽車駕駛實驗就是如此。讓汽車在雪地或高溫的嚴苛條件下，連續奔跑數十萬公里，就能夠仔仔細細地觀察汽車耗損的狀況。

但反過來要讓物品恢復成全新狀態，那就違反了熱力學的熵增定律（萬物會從有秩序朝無秩序的方向前進，無法逆向）。因此以目前的科技而言是辦不到的。

追根究柢說起來，假如擁有時光機的話，非常有可能辦到這種事情。舉例來說，我們能夠將這塊「時光布」的運作方式，假設為以下的順序。

假設這裡有台相當老舊的洗衣機。接著，用時光機將這台洗衣機送到過去，換成全新的洗衣機後再帶到現代，便能讓洗衣機恢復成全新狀態。如果是想讓新品變老舊也一樣，只要拿去未來交換就行了。

我們可以想成這些交換的程序，會在包巾中自動進行。

話說，將這塊時光布覆蓋在人類等生物身上，似乎會引起不同的現象呢。

◎將時光布使用在人身上會如何？

舉例來說，用這塊時光布覆蓋住鱗莖盆栽的話，只有包巾內的時[㉑17]間會以超快的速度前進，一轉眼就會發芽並長大。

或是以包巾覆蓋住古代的恐龍蛋化石，就能夠讓蛋恢復至活生生[⑩170]的狀態，甚至有可能讓恐龍蛋孵化出小恐龍——過去大雄曾經透過這個方式讓恐龍在現代復活，還把那隻小恐龍取名為「嗶・之助」（另譯比助），並瞞著超級抗拒養寵物的媽媽，偷偷養在房間內。小恐龍非常親近人類，相當惹人憐愛。不過，等小恐龍長大之後，該怎麼餵食等各方面也造成相當大的問題。長篇①16

前面所述之內容，即說明了「交換」一事的可能性。但是，將這塊時光布覆蓋在人類身上的話，似乎會引起更神奇的現象。

事情發生在大雄整理壁櫥裡沒用的物品時，他呆呆地望著在壁櫥裡找到的小鞋子。哆啦A夢詢問他怎麼了，大雄才說：「這隻鞋子讓我想起一段回憶。現在回想起來還是會覺得心痛。」⑥91

大雄讀幼稚園時，隔壁住著一位名叫小娜（另譯小紅、瑪莉、小麗）的女孩子，似乎與大雄相當要好。結果，某天遭到胖虎他們嘲笑的大雄，轉而去欺負小娜。大雄翻倒扮家家酒的玩具，甚至還聽從胖虎他們下達的「把她的鞋子拿去藏起來」的命令。之後，在大雄還來不及去道歉的期間，小娜就已經舉家搬走了。聽到這件事的哆啦A夢對大雄說「那我們就去向她道歉吧」，帶著大雄搭乘時光機，來到小娜搬家的那一天。雖然大雄順利見到小娜，卻被反問：「大哥哥你是誰啊？」完全不予理睬。而哆啦A夢便在此時使用了「時光布」。用這項道具覆蓋住大雄後，他立刻返老還童，回到幼稚園時期的外貌。後來，在大雄與小娜互相道別不久後，仍然維持著那副幼稚園身體的大雄說：「這麼一來，總算放下我多年來的一樁心事了。」⑥99

換句話說，一旦用「時光布」覆蓋住人類的話，雖然身體會恢復到幼稚園時期，但心靈與記憶卻仍然維持在十歲。這項道具的運作方式似乎就是如此。而這一點好像無法按照慣例，以時光機所進行的「交換」程序來說明。

哆啦A夢使用的未來道具中，除了這件道具之外，也有許多「交換系道具」登場。舉例來說，動物變身蛋、變身圈與圖卡（另譯變身 ㊸9、㊶125 環與卡片）、變身飲料（另譯變身藥水、變身液）、狼人面霜、月光 ㉞124、⑪44、②112 燈、動物變身餅乾等，能夠變身成動物的道具。①35

另有五官橡皮擦（另譯採取橡皮擦）與眼鼻筆、臉孔交換機（另 ⑧153、④73
譯變臉的罐子、剪輯桶）等道具，能夠自由變換人臉。其他也有人體 ⑪138
交換機、器官移植手套（另譯器官移動手套）這類，能夠交換人體器 ⑦156
官的道具。甚至，使用交換繩（另譯調包繩）與交換身分棒（另譯交 ⑮47、⑧164
換棒、轉換棒）的話，還能夠讓心靈維持原樣，唯獨身體與他人對
調。

綜合上述內容，哆啦A夢與世修所存在的未來世界，似乎能夠自由自在地交換身體或心靈。這麼一來，我們也能將「時光布」視為這類交換科技與時光機器合體之後，所誕生的產物吧。

◎據說「世修存在的未來沒有任何宗教信仰」？

那麼，將這塊時光布覆蓋在老人家的身上，會發生什麼事情呢？想當然耳，那個人會返老還童。換句話說，「長生不老」是有可能的。而且還能夠在保有記憶的狀態下返老還童，那個人會變成人生歷練豐富的嬰兒呢。

世修所存在的未來世界中，想要一直活在二十歲模樣的人可以一直保持在二十歲；想要以老人模樣活下去的人（雖然應該是少數），也能夠實現願望。每個人都能夠維持各自期望的年齡，自由自在地生活。

甚至是即使有人因為年邁而自然死亡，也可以跟哆啦A夢一樣搭乘時光機回到過去，用這塊時光布蓋住那個人，就能返老還童，藉此延後死期。也就是說，長生不老是有可能的，即便是過去的死者也能夠復活。

「做這種事情的話，這個地球就會被活著的生物擠爆」哆啦Ａ夢曾經這麼說，事實上只要使用時光布的話，的確會發生這種情形。再者，一旦這種事情是可行的，便會是攸關人類生死的大事，無論法律上如何嚴格禁止，想必人們仍然會付諸行動吧。首先，人們會讓已經過世的親朋好友復活。而復活的人們應該也一樣，會讓他們的祖先們復活。就像這樣子，過去的人類一個接一個地復活。不過，並不會引發人口爆炸的問題，反正只要搬到其他星球上住就可以解決了。

那麼，如果事態演變至此的話，誰會感到困擾呢？最困擾的應該會是老說人家祖先這些「守護靈」如何又如何的那些靈媒等人，應該都會失業吧。再來就是，恐怕世修與哆啦Ａ夢所存在的世界，宗教等方面的信仰會有泰半滅絕。畢竟如果這個世界沒有死亡的話，那麼還有誰會信奉神佛呢？

Chapter 05

野比家的現在、過去與未來

◎大雄與雙親的年齡大約是幾歲？

單行本第②集裡，有一幕是大雄搭乘時光機回到十年前，看到自己剛出生的模樣的場景。也就是說，雖然我們早已知道野比大雄十歲，卻是在這個時候才知道他的出生年月日為昭和39年8月7日。②51

順帶一提，我們也知道胖虎，也就是剛田武的生日為6月15日，㉓42 而源靜香的話，根據她生日的場景裡有暖爐桌的情形看來，應該是在 ⑭50 冬季。

在單行本第⑮集中，哆啦A夢對大雄說：「你是四年級學生。」⑮100 再加上第㊷集大雄邀請靜香時說：「『小學四年級生』雜誌今天發 ㊷47 行，我們一起看吧。」所以大雄與靜香似乎一直有看「小學四年級生」雜誌的習慣。當然胖虎、小夫與小杉等同班同學應該也不例外。

另外，故事中多次出現替大雄慶生的場面，但只有這個時候會變成十一歲，之後又會在不知不覺間變回十歲，這樣的循環大概會一直重複吧。（⑥158、㊷171）

接下來要探究的是大雄的父親。在第②集中，曾經有一篇畫到大雄與哆啦A夢實在不忍心看父親辛苦通勤，就使用未來道具打造出地下鐵。

然後，兩人假扮成聖誕老人，在聖誕節當天將那張地下鐵的「月票」送給父親。那張月票上寫著大雄父親的名字與年齡，由此可知父親年齡為「三十六歲」。（②134）

再來就是大雄的母親·野比玉子。她的年齡必須稍微計算一下才能夠知道。根據第㊸集「爸爸與媽媽第一次邂逅是在二十年前」的內容，考慮到大雄父親的年齡與大雄一樣不會增長的情況，往前回推父親當時應為十六歲。（㊸180）

而邂逅的場景為走在路上的兩人不小心相撞，玉子因此弄掉月票。這時的玉子身穿學生水手服，換句話說，她不是國中生就是高中生，年紀應該是十二歲以上。

由此可知，大雄雙親的年齡差距最多只會相差四歲，所以野比玉子的年齡為「三十二歲以上」。另外，我們也可以從玉子掉的月票得知，她的舊姓為片岡。

◎為什麼大雄的父親有兩個名字？「大雄過去曾經有個哥哥」是真的嗎？

前面提到的地下鐵故事中，大雄父親收到的「月票」上有手寫的名字，我們也因此得知名字為「野比伸三（野比のび三）」（另譯野比阿助、野比三、野比大三）註*。②134

然而，在之後的第⑭集裡畫到他做夢的場景，他的父親（大雄的爺爺）出現在夢裡面，並說：「大助（のび助），我說大助呀，看來你實在太寵大雄了！」之類的話。⑭179

另外，在第⑯集中，爸爸喝得醉醺醺地痛罵了大雄一頓，大雄便搭上時光機讓父親回到十年前，讓他見母親（大雄的奶奶，依據其他

註＊　雖然中文譯名眾多，但一直以來日文名字只有出現過のび助（NOBISUKE）與のび三（NOBISAN）兩種。

故事可得知奶奶在大雄讀幼稚園時過世）[④178]，當時母親也是喊自己的兒子為「大助」[⑯163]。而且，在這之後的故事裡也一直維持「大助」的名字。

那麼，為什麼名字會從「伸三」改成「大助」呢？

畢竟這個世界上不會有父母叫錯自己孩子的名字，因此可以肯定「大助」這個名字絕對不會錯。那麼，比較可疑的就是「伸三」這個名字，不過既然寫有名字的「月票」是出自哆啦Ａ夢之手，也有可能是哆啦Ａ夢寫錯了名字，這麼想應該是比較合理的。

話說，前面提到的第⑯集故事中，畫到大雄帶著父親大助搭乘時光機回到十年前的場面，其實這裡有個奇妙的現象。我們可以看到[⑯162]，當時待在家裡的有大雄的母親玉子與大雄的奶奶，以及一名年約三、四歲的小男生。而那名孩子被稱為「小雄（のびちゃん）」。

問題來了。十年前應該是大雄出生的那一年，那麼這名小男孩到底是誰呢？

如果時間確實是十年前的話，那名小男孩就會是大雄的哥哥。或者是當時時光機的狀況不佳，實際上來到的是六、七年前。還是說哆啦A夢他們過度使用時光機，將過去的歷史竄改得亂七八糟呢？

◎有謠言指出「野比家從世田谷區搬至練馬區」？

這是發生在某一天的事情，大雄收到一封名為「不幸書信」的信。寫著「如果不在十天以內寄給二十九個人的話，不幸便會降臨在你身上」，內容實在是很老梗。

就在這個時候，哆啦Ａ夢拿出來的未來道具是「郵件逆向探測器」（另譯信件反查郵筒）⑮57。只要將信件投入這個小小郵筒裡，就能反向查出寄件人的姓名與住址。因此得知「東京都練馬區月見台芒原3-10-5．骨川小夫（另譯阿福）」⑮58的資訊。

因為小夫與大雄就讀同一所小學，由此可知，只要雙方都不是越區就讀的話，那麼大雄住的家應該也會在這一區。

另外，當他們在故事中使用類似軍用偵察衛星那樣，能看見整個地球所有影像的未來道具「追蹤儀」（另譯兩極鏡）時，哆啦Ａ夢一㉗86邊看著後樂園球場一邊說：「如果移動到西北西方向的話，就能看到我們家附近喔。」從後樂園球場往西北西方向移動的話，恰好就是練馬區一帶，看來這個地址並沒有錯。

不過，練馬區雖有三原台、高野台、富士見台，但實際上並不存在名為月見台芒原的地名。

即使目前野比家確實是「位於練馬區」，但過去卻曾出現讓大家以為野比家在別處的場景。讓我們試著對第②集中，哆啦A夢打造地下鐵的小故事，進行更詳細的分析吧。

首先是哆啦A夢、大雄與玉子三人，來到大助上班的大樓出口處，迎接大助並對他說「歡迎回家」。由於「來百貨採購東西」的關係，平常總是一身招牌短褲與白領黃衫打扮的大雄，也相當難得地穿上外出用外套。

於是，一行人一起通過車站的剪票口，站在月臺上等待電車到來。雖然文字並不完整，但這一幕有畫到車站名。因此我們能夠根據這個畫面，得知這一站為「新‧XX」而下一站是「南XX」。

②129

位於東京近郊且符合畫面資訊的車站與路線，經過調查後顯示可能為新狹山．南大塚（西武新宿線）、新松戶．南流山（武藏野線）、新習志野．南船橋（京葉線）、新高圓寺．南阿佐谷（營團丸之內線），以及新宿．南新宿（小田急線）。

如果把特地穿上外出服打扮一番「來百貨公司」這個因素考慮進去的話，這一站好像比較可能是「新宿」。換句話說，按照這個設定來推敲的話，大助每天早上都得搭乘小田急線通勤。順帶一提，小田急線是從新宿朝西南方延伸，中途並不會行經練馬區。而且，中途也沒有任何能夠轉乘前往練馬區的路線。

於是，體驗過通勤地獄的大雄等人，幫大助打造了能夠直達公司的地下鐵。大雄對舒服地躺在小小車廂裡的父親說「五分鐘就會抵②136達」。

換言之，從家裡到大助位於新宿的公司為止，是相對較近的距離。如此想來，這個家所在的位置就會是「世田谷區的某處」。

另外，做為大雄等人的遊樂場，能夠看到附近所有景色的「小學㉖109等等的後山」也在漫畫裡經常登場。若以這點搜尋小田急沿線的類似地點，位於世田谷區梅之丘的羽根木公園一帶，則是比較可能的地方。

然而，既然故事中有明確指出「練馬」這個地名，還有必要特地將野比家住址設定為「世田谷」嗎？關於這一點，在心裡吐嘈「那是因為你們住在世田谷吧」的讀者，恭喜您答對了。本書的編著「世田谷哆啦A夢研究會」，執筆者就住在世田谷。

畢竟「希望哆啦A夢就住在我家這條街上」，可以說是每個人的心願啊。

§

話說回來，在單行本第⑥集最後，哆啦A夢曾一度回到二十二世紀。（⑥176）這一段的來龍去脈，根據原作者藤子．F．不二雄先生的說法：

「我曾經在連載開始後的第三年畫了最終話。因為編輯部跟我說『差不多畫到這裡……』於是便讓哆啦A夢回到未來世界，留下令人感動（？）的結局。過了一個月之後編輯又跟我說『再繼續畫一陣子……』便又重新開始連載了。」（出自「FLASH」92年8／11號（光文社））

然後，一直持續著……

換句話說，嚴格說起來《哆啦A夢》是以單行本第⑥集的最後做為分水嶺，分成前期與後期。然後，以這個方程式看來，前期的《哆啦A夢》中，大雄父親的名字為伸三，家住世田谷；在後期《哆啦A夢》中，大雄父親則叫做大助，家住練馬，這樣的情況也是很有可能的。

◎野比家的房子是租的，還是自己買的呢？大助在公司擔任什麼職位？

野比一家人住的房子，是在動畫等作品中大家都很熟悉的兩層樓獨棟透天民宅。雖然曾經藉由哆啦A夢的未來道具「四次元增建積木」（另譯四次元疊疊屋）將房子變成九層樓高，也曾使用「高樓大廈化電梯」（另譯高層大廈化電梯）讓整棟房子浮起至三十層樓的高度，但平常都是正常地蓋在地面上、再普通不過的兩層樓民宅。 ㉗7 ㊶86

一樓有兩個房間與附餐廳的廚房、浴室、廁所，二樓除了大雄的房間之外還有一個房間（想必是大助的書房），也就是所謂的4DK註*房屋。另外，雖然並不寬敞但也附有庭院，院子角落有鋼製儲藏室，還有幾棵樹以及曬衣服的空間。整個占地則大約有四十坪吧。一家三口（加哆啦A夢）居住的話，可以說是勉強過得去。如此看來，大雄一家人所住的這個家似乎是租的。 ㊸170 ⑨46

註＊　D為Dining（餐廳），K為Kitchen（廚房）。

在第⑨集中，玉子曾經直接對大助說：「這個月的房租又漲了。無論怎麼算錢都不夠用，減少香菸的支出吧。」⑨88 並且在之後的第㉑集中，也曾經嘆道「房租怎麼又漲了。真想要快點擁有自己的房子呀」㉑26 之類的話。由此可知大雄家是租賃的，這一點絕對不會有錯。

另外，大助似乎也有想要脫離這種無殼蝸牛生活的想法，並曾經去看出售中的房屋。但那個房屋「先不論從這裡上班要花兩個小時通勤，像是蓋在谷底，只要一下雨就會泡水」⑫160，屋況與條件似乎相當淒慘。

「透過貸款或是預領退休金等方式，最多也只能準備一千萬日幣的資金……」我們也可以根據大助說的這段話知道，這麼多的費用只能挑選前面所說的破爛房屋，這就是東京的購屋行情。因此，野比一家似乎直到今天仍然過著租屋生活，在那之後並沒有聽說任何關於他們購屋的消息。

但是，這種4DK附庭院的獨棟房屋，如果現在要在練馬（或世田谷）租相同條件的房屋，房租一個月最少要二十萬日幣才符合市場行情。對區區一介三十六歲的普通上班族・野比大助而言，這筆金額可以說是相當吃緊。

在前面所說的故事裡，曾提到房租上漲就得戒菸的話題，我們可以肯定野比家的家計確實相當緊縮。再加上當大雄意外從親戚那裡收到零用錢時，就會被大助說：「這幾天不小心喝酒喝過頭了，暫時先 ㊱143
借我一下。」或被玉子說：「小孩子手上有太多錢就會亂花，零用錢就先暫時寄放在媽媽這裡。」因此也不難理解野比家的經濟狀況。

話說回來，關於大助工作的地方，目前還沒有任何詳細的資訊。只不過，那間公司的社長曾經在野比家住過兩三個晚上，新年會來到 ⑪24
野比家做客，還有部長太太也曾表示「我剛好來到附近，想說來打個 ㊸13
招呼」而登門拜訪。

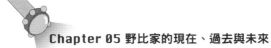

由此可知，大助工作的地方似乎是個充滿家庭氛圍，沒有嚴格區分上下階級的公司。換句話說，那是一間即使說客套話也稱不上大公司的公司。

另外，曾經出現過大助哭訴「壞心眼部長欺負我」的場面，卻沒⑯164有他抱怨課長如何如何的情節，再考慮到大助的年齡，看來他在公司似乎是擔任課長一職。

◎野比家歷代的祖先都是些什麼樣的人物？

由於能夠使用時光機的關係，所以我們能夠得知許多關於野比家祖先的詳細資料。首先從年代最久遠的開始介紹吧。

戰國時代時，有個名為「伸作」（另譯大作）專門在深山裡狩獵①98的獵人。當哆啦A夢他們來訪時，伸作還只是個與大雄同齡的少年。他的視力不佳，總是掛著鼻涕，一看到山豬就立刻逃之夭夭，是個空有獵人頭銜的沒出息男生。我們甚至可以說，大雄確實繼承了這個伸作的血脈。

另外在約一百五十年前，好像有位名叫「吹牛伸（另譯大伸）」——⑭62也就是「伸郎兵衛」的人物。根據大雄父親的說法，「因為他太會吹牛而獲得好評，甚至還有人大老遠跑來聽他吹牛」也有這麼一回事。

大雄與哆啦Ａ夢想知道他到底吹了些什麼牛，於是搭乘時光機前去拜訪，然而伸郎兵衛並沒有吹任何牛。於是，大雄與哆啦Ａ夢提議喝杯茶再慢慢聊，便帶著他回到二十世紀。接觸了現代科學與文明的他，精神陷入瘋狂狀態。回到一百五十年前的時代之後，「吹牛伸」的綽號於是誕生。

雖然這是只有透過時光機才會發生的神奇事情，不過一般來說，沒出息的祖先（大雄）只會禍及子孫（世修），但透過時光機，沒出息的子孫（大雄）竟然也能讓原本正常的祖先（伸郎兵衛）變得沒出息。

文政九年（江戶時代後期）有一對名為「伸左衛門」與「伸作」④127的父子。伸左衛門是從大雄那一代往前追溯七代的祖先，從事農業，家境絕對稱不上富裕，但相較之下算是較為有出息的父子。

大雄來訪的時期適逢新年，父親伸左衛門將壺埋入土裡。接下來，將記載著埋壺地點的書卷交給兒子。當伸作按照書卷上的記載前去挖掘壺時，裡面竟然放了一點點錢。伸左衛門說：「用這種方式得到壓歲錢很有趣吧。」看來這對父子生活雖然貧困，卻能夠愉快地度過每一天。

文政九年正是１８２６年，而剛才的「吹牛伸」故事則是收錄於１９７８年出版的單行本中，往前回推一百五十年即為１８２８年。換言之，這兩位祖先的年代竟然重疊了。到底是怎麼回事？

想必也有可能是因為哆啦Ａ夢與大雄過度使用時光機的關係，才會造成歷史大混亂吧。

另外，也有關於大雄曾祖父的相關記錄。名字為「野比伸吉」㉜102，明治四十三年時（１９１０年）為年約十歲的少年。當時正好是哈雷彗星接近的那一年，伸吉則是將臉埋入裝滿水的桶子裡訓練閉氣。因為有謠言說，地球上的空氣會有一瞬間被抽光。大雄與哆啦Ａ夢看到伸吉這個樣子，就把塑膠泳圈送給他取代氧氣瓶。

後來當他們挖掘現代的野比家庭院後，竟然出現藏寶箱，裡面放著那個泳圈與伸吉寫的信[註*]。「幸好這次哈利（指哈雷彗星）並沒有 ㉝112 帶來任何災害就離開了。據說七十六年後還會再現身，為了以備不時之需，我將這個留給子孫們。」同樣的，這是只有透過時光機才會發生的故事。儘管如此，「伸吉」真是個會替子孫著想的人呀。另外，在伸吉家裡能看到一名長相可愛的大姊姊（也許是伸吉的年輕媽媽）的身影。

註＊　伸吉將「塑膠泳圈」埋在庭院裡，交付給子孫大雄。而那個泳圈其實正是大雄透過時光機送給伸吉的。

◎為什麼雄助與大雄的個性如此兩極？

接著來探討野比家的子孫，關於野比大雄與源靜香結婚的這條未來軌道，我們已經有一定程度的認知。首先是兩人會生下一名叫做「雄助」的男孩子。兩人長相的相似度高到連靜香都會認錯，然而，⑥165 這名與大雄簡直如同一個模子刻出來的少年，個性卻與大雄天差地遠。

根據二十五年後的靜香所說，「你爸爸明明就是個個性悠哉又乖巧的人，為什麼你卻這麼不聽話。」以及大雄前往未來第一次見到雄助時，雄助大叫：「你這個外星人，竟然偽裝成我的模樣，是打算占領這個家嗎！」並出拳揍大雄的臉，甚至還拿著球棒要攻擊大雄與哆啦A夢。兩人被雄助打得遍體鱗傷。

另外也有出現雄助四處追逐附近孩子的場面，長相與胖虎相似的少年一邊嚷嚷著「雄助欺負我」一邊逃跑。但是，似乎也不能將雄助㉖182單純視為一名個性粗暴的孩子。當他嫌父母囉嗦而離家出走來到過去㊱135的大雄家時，還成為胖虎隊（另譯巨人隊，剛田武所率領的業餘球隊）的一員，大肆活躍一番。

換句話說，雖然外貌確實繼承了大雄的血脈，但頑皮的個性與擅長運動這一點，可以說是來自於母親的遺傳吧。

舉例來說，靜香過去曾經說「深深覺得當女生真倒霉」，並使用哆啦A夢的道具「交換繩」，保持自我內心，唯獨身體與大雄對調。㊷135

接下來，靜香（外貌上是大雄）一下子身手俐落地爬上從小嚮往的後山杉樹，一下子在空地的業餘棒球比賽中，展現美技，擊出逆轉勝的再見全壘打，簡直就是變了一個人似地大大活躍一番。

另一方面的大雄則是無法適應這個狀況，最後哭著對靜香說想要恢復原樣，卻被靜香回說：「才不要呢，人家正玩得開心。」遭到無情的拒絕。

然而最後她察覺到維持這樣的狀態洗澡相當不方便，才終於恢復原樣。話說回來，如果靜香繼續維持著大雄的外貌生活，也許最後就會變成與雄助極為相似的男孩子也不一定。從這一點可以得知，雄助果然是靜香與大雄的孩子。

◎「雄助與外國人結婚」是真的嗎？有謠言指出「小杉也娶到外國嬌妻」？

二十五年後的大雄對雄助的評價為「既任性又最討厭寫功課」。㊱140「我自己也是因為好吃懶做，後來吃了不少苦。我不希望雄助重蹈自己的覆轍。所以，偶爾也得嚴厲地教訓一頓。」

然後被嚴厲地教訓一頓的雄助，就離家出走來到現代的大雄面前，而且遲遲沒有回家的打算。急得跳腳的哆啦A夢搭乘時光機，將雄助的孩子從未來的世界帶到現代（暫時稱為「雄A」）。那個雄A㊱141則說出：「爸爸也真是的，腦筋死板又容易生氣，老是叫我念書念書的……」這麼一番話。

野比家的父親與兒子，不管歷經幾代，似乎都在不斷重複著相同的事情。話說回來這個雄A似乎與大雄、雄助以及過去的列祖列宗，有著決定性的不同。那就是，髮色是白的（也許是金髮或銀髮）。

如此想來，也許雄助會跟外國人結婚也不一定。因為他的兒子‧雄A的長相，明顯與大雄他們有些許差異。這個雄A的孫子，也就是世修。世修就是將哆啦A夢送到二十世紀的當事者。

世修長得與大雄、雄助簡直一模一樣，也許該說是承襲了野比家一直以來的長相。但唯獨髮色不同，並不是黑色而是介於中間色系。

換句話說，我們可以想成因返祖現象而承襲祖先外貌的世修，只有頭髮繼承了雄A的血脈。

話說，哆啦A夢使用時光電視觀看二十五年後的野比家時，未來[㊵190]的小杉正好登門造訪。想不到他竟然「去火星基地出差」，看來似乎是從事非常符合他個性的菁英工作。小杉的妻子也有登場。這名女性不管從瞳孔或頭髮的顏色看來，明顯都是外國人。

難不成是這對小杉夫婦將來生了女兒，而那個女兒未來註定會與雄助結婚。如果真是如此的話，野比家的未來可以說是萬事太平。

◎大雄與靜香是在哪裡舉辦婚禮的？

大雄搭乘時光機前往未來，來到與靜香舉行婚禮的前一日。另[㉕180]外，我們已知大雄與靜香訂婚的日期，也就是十四年後的12月25日。[⑳162]換句話說，婚禮是在翌年舉行，也就是從現在往後推算十五年。這個時候的野比一家人已經住在大廈裡。

另外，大雄造訪二十五年後的未來時，住家附近已變成公園。當他詢問派出所野比家的新地址，未來的警察先生便回答他：「啊啊，原本住在那附近一帶的野比先生一家人，在十年前搬到那棟大廈去了。」[⑥162]

25—10＝15，與婚禮同一年，換言之，野比一家似乎是在大雄的婚禮前不久才搬家的。

我們也能夠在十五年後的婚禮前一天的場景中，看到稍微上了年紀的大助與玉子的身影。這個時候的他們所住的大廈，想必是他們夢寐以求的自購房屋吧？還是說，又是租來的呢？目前並沒有提到這方面的事。[㉕182]

話說，十五年後的這一幕中，雖然「大雄與靜香結婚」一事已極具劃時代的意義，不過我們也能看到同樣極具劃時代意義的事物。

那就是大雄在駕駛汽車，而且還是兩人座敞篷車，外型有如Eunos Roadster註*的車款。大雄開車的架式看起來非常熟練，動作俐落地抵達飯店前面。不過，他好像弄錯了結婚的日子，看來脫線的個性還是一樣呢。㉕181

另外，對於結婚當天的狀況也還沒有任何的描述。不過順帶一提，大雄與靜香舉辦婚禮的場地位於「王子哈蜜瓜飯店」。㉕180

註* 馬自達推出的平民化雙座敞篷跑車，在歐洲及日本以外的亞洲市場稱為MX-5，在日本國內稱Eunos Roadster。

▶ Chapter 06 ◀

任意門的祕密

◎任意門是什麼時候發明出來的？由於這項發明而遭到停用的是什麼？

哆啦A夢使用的未來道具中，最受歡迎的當然是「任意門」[⑥112等等]。尤其是對每天苦於面對嚴苛通勤地獄的上班族們而言，沒有比這個更令人渴望的道具了吧。

時光機能夠控制時間，竹蜻蜓等飛行道具能控制重力，那麼這個「任意門」便可歸類於控制空間的類別。

而時光機與竹蜻蜓（控制重力）正如同之前所做的說明般，似乎都是二十一世紀初的發明（時光機於2008年發明，竹蜻蜓則是「二十五年後的未來」），這個任意門的發明時間似乎比這些道具更晚。作品中曾經出現以下情節。

某天，哆啦Ａ夢不慎將一張小車票掉在房間裡。那是一張「從地[⑳74]球前往哈天雷星雲的銀河鐵道車票」，只要一用專用剪刀打洞，就會有蒸氣火車型太空船前來迎接。

於是，大雄瞞著哆啦Ａ夢邀請靜香等人搭上那艘太空船，車廂內除了他們之外沒有任何人。最後終於抵達哈天雷星雲一隅的車站，卻聽到車掌無情地表示「這輛列車是末班車，沒有回程列車」。

大雄與靜香等人就這樣被留在宇宙的角落，接著哆啦Ａ夢使用「任意門」趕來，生氣地大喊：「自從任意門發明後，不方便的蒸氣火車就停用了。竟然把我重要的記念車票用掉！」

這張車票上印著日期，顯示為「２１１１年９月３日」。

換句話說，「任意門」似乎是在這年的不久之前發明的。可以說大約晚了時光機與竹蜻蜓一百年左右。

看來我們活著的期間，似乎無法親眼目睹這個「任意門」的誕生。只能用二十五年後會發明出來的竹蜻蜓之類的道具，將就一下嘍。

◎「任意門」真的哪裡都能去嗎？

關於任意門的使用方式為，只要說出期望的目的地再打開門，另一側就會是目的地，操作上似乎就是這麼簡單。

但是，每當大雄說「靜香」後再打開門，就一定會來到靜香家的㉔20等等浴室。所以，也許這個道具內建能夠讀取使用者部分想法的功能。

另外，雖然知道的人很少，但這扇門似乎也會有上鎖的時候。這⑯140是發生在哆啦A夢與大雄透過能夠顯示即時立體影像的「觀光遙控器」，觀看撒哈拉沙漠時的事情。他們看到快渴死的遇難者，為了去救他就拿出「任意門」，到這裡為止都還好，可是因為哆啦A夢過度慌張，於是又一如往常上演了邊嚷嚷「鑰匙到底在哪裡？」一邊在口袋裡大肆翻找的戲碼。

甚至還有以下的著名情節，「門的開闔有點問題，有時候會打不開」（⑯29）。另外，雖然僅僅出現過一次，但任意門曾經被視為大型垃圾燒掉（長篇③76）。

換句話說，「任意門」在外觀上與其優越的性能相反，看起來不過是扇老舊的木門而已。也許是二十二世紀盛行懷舊風的關係，才會打造成這個外型吧。另外，使用上似乎也有幾點注意事項。首先最應注意的特性是，不只限於人類，無論任何事物都能夠通過這扇門。

舉例來說，如果對任意門喊出的目的地為「海裡」，那麼打開門的瞬間就會有大量的海水湧入。長篇⑨20 或者如果目的地為宇宙裡的小行星，情況則會反過來，這邊的空氣會一鼓作氣流向另一側。⑱113

還有，任意門似乎不是真的「哪裡都能去」。過去哆啦A夢他們曾經搭乘時光機造訪一億年前的世界，當時哆啦A夢曾經說過「任意門並沒有輸入白堊紀的地圖，所以無法使用」。長篇①78

原來如此，任意門是這樣運作的呀。現在看來一切總算說得通了。看到哆啦A夢透過任意門去到哈天雷星雲邊境的星球，⑳85 我們也可以從這一幕得知，宇宙有泰半的地圖都被詳細地輸入進去。所以說把任意門當成「哪裡都能去」的門，其實也沒什麼問題（只要有輸入地圖即可）。

◎「任意門」會如何改變未來？

無論何時，只要通過這扇門就能夠前往全世界（或宇宙）。國境等分界的意義似乎已不復在。

另外，正如同銀河鐵路列車被除役一樣，船或飛機以及行駛在路上的列車等，其他相關移動的交通工具應該也不例外。自家用的房車也沒有存在的必要。

再加上，即使寬度超過這扇門·尺寸的事物，也都能夠自由進出這扇門的關係，運輸貨物用的大型油輪或貨櫃船等也會被廢除吧。觀察二十二世紀人類使用竹蜻蜓的情景，不難發現是以人類享受親自操作的樂趣為目的，所以船與汽車等交通工具也許確實有一定的存在價值。

長篇⑦11

再來始料未及的一點是，既然哪裡都能去，即意味著人們不再擁有自己的隱私。如同靜香那樣，自家的浴室從頭到尾老是被大雄入侵，甚至可以說，對小偷而言，沒有比這個更好康的道具了。無論保全多麼滴水不漏的銀行金庫，也能夠輕易入侵吧。不過，可以肯定的是，未來世界應該有相對應的防範手段才對。

接下來要探討的議題是，如果任意門存在於我們所身處的日本國內，將會對生活帶來多大的改變呢？

能夠逃離通勤地獄的情況當然不用說，人們甚至不再需要住在都市附近。能夠搬到充滿大自然、新鮮空氣的鄉下地方。

不管是購物或做任何事，都能透過這扇門直達目的地，因此除了附近沒有鄰居就會感到孤單的人以外，即使住家附近空空蕩蕩的也完全不會有問題吧。

換句話說，對偏僻鄉下土地的需求大增，反而有可能會因為都市人口銳減，產生地價逆轉的現象。那麼趁現在用少少的錢大量購入北海道的郊區原野土地，也許二十二世紀時成為大富豪也不是夢想喔。但話又說回來，那也是只有後世子孫才能獲得的好處就是了。

話說，二十二世紀的世修是居住於東京都練馬區。基於上述理由，果然能證實世修家境貧困一事。

◎有謠言指出「有任意窗的存在」？

小夫驕傲地帶著大雄與靜香等人，來到「能夠釣到許多魚兒」的叔叔家的別墅玩。大雄拜託哆啦A夢幫忙，卻由於哆啦A夢「要跟附近的貓咪開派對」的關係，只好借用四次元口袋。

然後，當大雄想從口袋裡掏出「任意門」時，竟然出現「任意㉞170窗」。

雖然這個道具只登場過一次，不過功能與「任意門」一模一樣。不同之處只在於窗戶尺寸相當小，人類必須用爬的才能鑽過去，現在想想，也許這個「任意窗」是貓狗等寵物專用的道具也不一定。

另外也有被稱為簡易版任意門的「神奇按鍵門」（另譯按鈕門）⑳89道具登場。只要將這個小小的按鍵板貼在普通的門上，就能夠將那扇門變成「任意門」的方便道具，不過最多只能設定十二個目的地。

此外也有個功能與這個「神奇按鍵門」幾乎相同，被稱為「電車模擬遊戲」（另譯電車遊戲）⑦59 的板型道具。使用方式為，只要在這塊平板的表面寫下目的地之後貼在門上，打開那扇門就會抵達目的地。只不過，寫下「紐約」並打開門之後，卻出現通往某公共澡堂的情形，目前似乎是故障了。

另外，過去似乎也有販售名為「任意瓦斯」（另譯隨意氣體）的 長篇⑩101 產品，但因為性能極差，日後便停止生產。

甚至還有出現過名為「在哪裡之窗」的道具。此項道具只有手掌 ㊵148 般大小，一邊說「XX在哪裡」一邊打開窗戶的話，就能夠窺見XX所在之處。

不過，這個道具並不是只能單純用看的，鑽過那扇窗戶的話，就能夠與任意門一樣直達那個地點。

咦？你問人類要如何鑽過那麼小的窗戶嗎？想當然耳，這時候就要使用大家再熟悉不過的未來道具「縮小⑤186等等燈」註*嘍。

註* 除了縮小燈之外，另有縮小槍（另譯細胞縮小機②172）、一吋帽子（⑯128）、縮小隧道（另譯格列佛隧道⑨128）、吸盤金幣（另譯寄居古幣⑬22）、貝殼倉庫（另譯蛤蜊盒⑫70）、縮小噴霧（⑥38）、萬能圈套（另譯萬能陷阱④141）等，能夠將人體縮小。

▶ Chapter 07 ◀

大雄與雙親的祕密

◎「大雄」名字的由來是什麼？為什麼「大助」與「雄助」兩人同名？

一聽到大雄註*這個名字時，容易令人產生他一被胖虎欺負、就會變得軟弱，或是個性過度悠哉等的聯想。但是，「大雄」這個名字也是有他的來頭。

「大雄」這個名字是大雄的父親大助命名的，在大雄出生後不久，大助在醫院的病床旁對玉子說：「我已經決定好名字了。就叫做野比大雄！這名字很棒吧。名字裡蘊藏著希望他健健康康地長大、能夠擁有無限可能性的涵義。」②56

註＊ 大雄原文名為のび太（NOBITA），漢字可寫做伸太，有疲弱不振、變長、延展、悠哉、麵泡糊了之意。

然而，也有人認為這個說法太過牽強。會有此一說也是因為野比家的男人們，除了未來的子孫世修之外，分別叫做伸作（戰國時代的祖先）、伸左衛門（江戶時代後期的祖先）、伸郎兵衛（一百五十年前的祖先）、伸吉（大雄的曾祖父）、伸郎（大雄的爺爺），以及伸助（別名伸三，另譯大助），所有的名字都是以「伸」開頭的命名規則而來。因此前面大助所說的話，基本上適用於所有野比家的男性。

如今仔細一想，難不成是由於過去的列祖列宗與親戚們大量使用伸開頭的名字，導致最後只剩下「伸太（即大雄）」這個名字可用吧。於是，就像是最後拿的人最有福氣那樣，大助替大雄取了這個名字。甚至連將來大雄與靜香結婚生子，為了命名而陷入瓶頸，最後把自己的兒子命名為「伸助（即雄助）」註*，似乎也是如此。

註*　日文發音一模一樣都為NOBISUKE，區別只在於大助使用平假名與漢字（のび助），雄助使用片假名（ノビスケ）。

而且大助與玉子在病床前的對話還有後續，「希望他會是乖孩子」、「想也知道一定會是個乖孩子。不知道他會成為學者還是政治家呢」、「當個藝術家也不錯。不管是繪畫、雕刻或是音樂方面都不錯」、「什麼都好，只要他能夠成為對社會有所貢獻的人就好了」以及「希望他是個體貼人心、個性勇敢，開朗又可靠的男子漢，而且性格爽朗、品性端正，為人正直……」。

大助甚至還說「像到妳的話，就會是個成績優秀的孩子」，而玉子則說「像到你的話，就會是個運動萬能的體育健將」這些話。

哎呀呀，大雄真的是這兩個人的孩子嗎？

◎小時候的玉子是個怎樣的女生？

大雄與哆啦A夢搭乘時光機前往昭和二十三年，並且碰見了小時[⑦68]候的玉子。這個時期的玉子是個年約六至八歲的女孩子。換句話說，玉子出生於昭和十五至十七年之間。

另外，大雄出生於昭和三十九年，是玉子22至24歲之間所生的小孩，再加上大雄出生時父親大助為26歲，因此與前面章節所做的「野比夫妻年齡最多相差四歲」推理吻合。換言之，玉子目前的年齡可以視為32至34歲之間。

小時候的玉子似乎是個相當強勢的女孩。當大雄偷偷跟在玉子身後時，看見當時她生氣地大罵：「你們到底想幹什麼！」還露出一副要揍人的狠樣，大雄還不禁說出了「媽媽從小就這麼強勢」的評價。

另外，當大雄他們潛入玉子家亂晃時，玉子則是拿著球棒擺出打架姿勢，還說著：「被我找到的話，我就要揍扁你們。」不過，他們兩人被當成小偷也怪不得別人啦。

就像這樣，玉子度過了像男人婆般的少女時代，現在想來，她的個性似乎與大雄未來的兒子·雄助有些相似。雖然玉子的個性與愛哭鬼大雄完全相反，但也許她這樣的個性透過隔代遺傳，由孫子雄助繼承了也不一定。

另外，她還曾經借走母親的鑽石戒指（其實是廉價的玻璃製品），帶到空地大聲吆喝：「來玩新娘扮家家酒吧。」聚集附近的小孩子模仿起舉辦婚禮的遊戲。對結婚充滿嚮往的這一點與普通的女孩子一樣，但接下來可就不妙了。

當她一聽到拍子木註*的聲音，便開心大喊「哇啊～紙人偶劇」，並將那枚鑽石戒指（玉子以為是真正的鑽石）扔掉，立刻飛奔而去。

還有，她房間裡總是散亂著一堆玩具，對此行徑，玉子的母親表示：「這種邋遢的個性必須趁現在改過來才行。」玉子在這方面簡直[⑦72]與大雄一模一樣。而那二話不說就亂扔東西的個性，似乎一直沒改變，大雄也因此多次遭受其害。

註＊　長方形的細長木棒，一組兩根，以繩子繫住兩根木棒的各一端，可掛在脖子上，將兩根木棒垂在前方。以木棒互敲時會發出清脆的聲響。可做為說書、雜耍、戲劇、相撲等表演的招攬客人之用途。

◎為什麼玉子會亂扔哆啦Ａ夢的道具？

這是發生在某天，哆啦Ａ夢與大雄在房間裡打造「地球」時的事⑤38情。雖說是地球，體積卻只有足球那麼大，不過它能夠創造出與實物一模一樣的行星並進行觀察，可以說是模擬地球遊戲的未來版。

然後，大雄與哆啦Ａ夢使用跟縮小燈一樣能把人類縮小的道具後，前往這顆地球實地勘查。然而，玉子來到這個空無一人的房間後，一邊碎念「真是的，到底要我說幾次才聽得懂」一邊生氣地看著散亂在四周的「宇宙台紙、太陽燈、觀察鏡、宇宙鐘」等道具。

接著玉子又罵道：「竟然把黏土帶進房間裡面！」一把抓住那顆地球，毫不留情地從窗戶扔出去。

雖然它可能有點像骯髒的黏土，但這顆像足球大小的地球確實是飄浮在房間中。無論怎麼想，這東西絕對都不屬於這個世界所有，真虧玉子竟然能夠若無其事地將如此稀有的物品扔出窗外。

但是大雄他們都還在地球裡，所以這一扔當然威力無窮。不只地表裂開，再加上大地震，簡直就像地球毀滅一樣的大危機。

除此之外，玉子曾經將屬於空間跳躍道具之一的「不請自來電話」（另譯傳送電話筒、馬上到電話、說就到的電話）扔進垃圾筒[⑤173]裡，甚至還曾經把名叫「溫泉繩」的超空間道具扔出窗外。此外，她[㉒171]也曾經趁大雄不在的時候，偷偷把兩個書櫃分量的漫畫書拿去換衛生[㊶111]紙，以及燒光所有繪本。[長篇⑪38]

不管怎麼想，都只讓人覺得玉子有扔東西與燒東西的怪癖。而且，她的個性好像是只要鬱悶心情累積了一段時間，爆發之後就會毫不留情地徹底執行。

更何況，「不請自來電話」外觀看來就像是玩具電話，而「溫泉繩」根本就像一條普通的繩子，也難怪會被扔掉。

另一方面，關於哆啦A夢拿出來的這些未來道具，最深受其害的不是別人，正是玉子。也許在玉子的內心深處，這些道具被認定為「老是把我耍得團團轉的可惡東西」也不一定。

◎有謠言指出「玉子最近性情大變」？

如此這般，與哆啦A夢的未來道具簡直相剋的玉子，最近則似乎出現了變化。

某天，玉子不慎將印章掉在櫃子的縫隙中時，哆啦A夢拿出了「虛構人物蛋」這樣的道具。接著，只要從為數不少的蛋裡，打開名㊵47為「姆指湯姆」的蛋，姆指湯姆就會從蛋裡現身，幫忙取回印章。

覺得「這東西很好用！」的玉子，叫出孫悟空去超市跑腿，並叫出灰姑娘幫忙打掃家裡。

接著，她誇獎了那位灰姑娘，而且還提出要求：

「哎呀，家裡變乾淨了呢。真不愧是灰姑娘。妳總有一天一定能夠遇到白馬王子的。那麼打掃完走廊後，玻璃也麻煩妳擦一下嘍。」

如果是以前的玉子，根本不可能如此徹底地運用哆啦A夢的道具。既然嘗過甜頭，也許將來偶爾能看到玉子使喚未來道具做家事的模樣。

另外，玉子更大的變化是，當小夫與胖虎各自洋洋得意地說：

「我‧們家附有血統證書的暹羅貓，順利地找到我媽媽價值一千萬日幣㉚66

的鑽石。」以及「我家飼養的迪克[註*]也曾經逮到小偷喔！」等事跡時，想當然耳大雄會心想「媽媽不准我養寵物」並為此感到沮喪。然而，討厭動物聞名的玉子，最近竟然打算要養寵物。

大雄擅自撿回家、藏在儲藏室裡的小黑貓，自己爬上了坐墊，當時玉子臉色慘白地拚命想趕走小黑貓。雖然發生過許多事情，但小黑貓後來變得相當親近玉子。

「之前還想趕走你，真是對不起。你從今天開始永遠都是我們家㊸14的一分子。」這麼說的玉子，甚至迫不及待地跑去買寵物飼料。

然而，玉子不在家的期間，小黑貓的主人出現並帶走了牠。知道這件事後，玉子意志消沉地臥床不起。雖然個性相當極端，但或許玉子原本就不討厭動物，純粹只是抱持偏見而已。

註* 迪克為胖虎養的狗，後來變成酷哥（另譯木克）。雖然名字不同，但應為同一隻狗。

◎「大助運動神經相當發達」是真的嗎？

這是在大雄懶洋洋地橫躺在自己房間裡的時候發生的事情。哆啦A夢坐在他身旁。

接著，大助用力地踏著步伐來到大雄房間，原本以為他是來責備大雄的，想不到說完「我朋友他釣到這～麼大的岩魚」的開場白後，便自顧自地說起來。

「他還對我說，這就是實力的差距，不甘心的話你也釣一隻來看看啊。」甚至還一邊罵：「如果我去釣魚的話一定也釣得到啊！我只是太忙才沒辦法去而已！」一邊彷彿鬧脾氣的小孩般，生氣地拍打榻榻米。

這副情況簡直就是在對哆啦A夢發出求救訊號。從這一點看來，大助與大雄還真是有其父必有其子呀。於是，哆啦A夢拿出名為「庭

㊳
128

院盆景系列——溪流山」（另譯假山系列）的模型道具，實現大助的願望。

另外，過去與大雄他們玩扔雪球大戰時，也曾經出現大助得意地炫耀「我念書的時候，可是學校棒球隊的投手喔」的場面，而且他確 ⑦187
實也是巨人隊的瘋狂粉絲。但令人不解的是，儘管大助三不五時會去 ㉒19
打高爾夫球，球技卻一直沒有進步。他最近終於在競賽中首次獲勝， ㊴34
但當時似乎是在對手讓步許多的情況下獲勝的。

然而，最糟糕的是大助過去曾兩度去駕訓班學開車，然後又中途放棄。第一次是在第⑭集（1978年），考了好幾次卻一直不合 ⑭92
格。根據大助本人的說法是，「並不是我的運動神經不發達，而是公司業務實在太忙，沒辦法去駕訓班。這是練習不足導致的」。

第二次上駕訓班是在第㊴集（1989年），教練曾對他說：「像 ㊴120

你這種鱉腳蝦還是別開車比較好。」由此可知，前面所說的理由似乎純粹只是藉口而已。

後來，哆啦Ａ夢拿出「兒童練習車」與未來的「迷你車」協助大雄練習，結果卻發生交通事故（雖說是「兒童練習車」，但據說時速可達３００公里。另外，要坐上「迷你車」必須使用「縮小隧道」才行）。⑭95

看來玉子曾經在醫院裡說「像到你的話，就會是個運動萬能的體育健將」的這席話，也許只是情人眼裡出西施吧。

◎大雄是個什麼樣的少年？

要說野比大雄是個什麼樣的男孩子的話，首先，他是個十足的旱鴨子，跑步也是吊車尾，也不擅長滑雪，完全沒有任何一絲耐力，在胖虎隊裡的打擊率為１％，運動方面可以說是全軍覆沒（也許與父親大助的血緣有關）。㉟56

同時他也是個愛哭鬼、膽小鬼，愛賴床的慣性遲到大王，個性懶散又懦弱。繪畫水準只有幼稚園程度，音樂方面也只聽PinPonPan與遊戲屋註*兒童節目的卡帶，完全沒有任何藝術細胞。⑧175、⑧29

然而，父親大助小學時曾經在「全國繪畫大賽」中獲得第一名，㉛106 年輕時的夢想也是繪畫。曾經接受知名西洋畫家．柿原老師的個人指導，⑥60 甚至似乎有人願意資助他專攻美術學校，所以可以肯定他相當有 ㊸171

註＊　PinPonPan（ピンポンパン）為日本富士電視臺於1966/10/3至1982/3/31期間播放的兒童節目。遊戲屋則來自於美國兒童節目「Romper Room」的日本版同名兒童節目。

才華。但非常遺憾的是，看來大雄完全沒有繼承到這方面的天賦。

又，大雄只寫得出一手彷彿蚯蚓般歪七扭八的字體，而且還會把自己的名字寫成「犬雄」，對於漢字的認識程度也是貧乏到將鏡子怪人寫成「鏡子貝入」註*的地步。 ⑮169 ㉝72

記憶力更是差到被靜香取笑「你這個班上最會忘東忘西的健忘大王」。有喜歡挖鼻孔的壞習慣，蒐藏品為瓶蓋，下定決心後持續最久的紀錄為48分23秒，並且最喜歡靜香的裸體——嗯，差不多就是這樣子吧。 ②10 ⑦111、⑧50、㊸57

更甚者，根據哆啦A夢的未來道具「正確圖表」（另譯正確統計表）所得到的數據為，大雄的臂力為胖虎的十分之三，小夫的二分之一，竟然只有靜香的五分之三。另外，智商方面則為靜香的六分之一，小夫的七分之二，最後則是胖虎的二分之一。 ⑧35

註* 日文怪人（かいじん）的怪與貝（かい）同音。

雖然眾人介紹大雄時大部分的評語都是「不管是在哪一個班級，一定都有這麼一名樣樣不通的少年」，但想必在看過以上的個人數據後，任何人都會忍不住心想「這樣的少年實在是世間少有呀」。

然而，即使是這樣的大雄，也有身懷幾項絕技。最廣為人知的特技就是「翻花繩」與「射擊」，不過「睡覺」也 ㉚51 算是其中之一吧。因為令人驚訝的是，大雄躺下來後只需要0.93秒就能酣然入睡呢。

◎大雄考試曾經得到一百分嗎？

在學校的考試中，大雄大概「五次有一次會考零鴨蛋」。然而， ㉓104 最近似乎成長到「雖然分數不高，但連續九次都沒拿到零鴨蛋」的程 ㊷67 度，與哆啦A夢一起吃著銅鑼燒，慶祝連續九次考試都破蛋。

另外，關於大雄獲得高分的記錄，在完全沒有作弊的狀態下，他曾經有一次考到六十五分。他使用了名為「時間閘門」（另譯時間門、時間控制器）[㊴180]的道具，能夠將時間的流逝變緩慢，好讓他拚命讀書。雖然這是他唯一一次得到六十五分的成績，但實際上大雄也曾經[㊲148]有考到一百分的好成績。

哆啦A夢為了讓眾人知道並相信這件消息，進而拜託「宣傳機」[㉕69]（另譯深信機、公關機）以「特級」等級進行宣傳。因此這件事才會在整點新聞中被報導，然後得到特城大學教授・江來博士歌頌「這是足以媲美哥倫布發現新大陸、阿波羅十一號登陸月球的豐功偉業」，並差點被電視臺製作成特別節目，國會甚至還提案要把這一天訂為「大雄紀念日」的國定假日……雖然後果變得一發不可收拾，但唯獨大雄考到一百分的這件事是無庸置疑的事實。玉子會感動到一邊流淚一邊說「把考卷錶框起來吧」也無可厚非。

然而在二十五年後的場面中，成為父親的大雄一邊對兒子雄助說：「好好用功。爸爸我可是每次都考一百分喔。我拿證據給你看。」一邊展示答案卷。不過，在這之後不久大雄自己又說：「只有一次考試被我矇到一百分。幸好我有好好收藏起來。」㉖183

也就是說，大雄從國小、國中、高中一直到大學，只有考到一次一百分，而那個唯一的一百分，似乎就是在國小四年級時的那次考試中得到的。

話說，大雄也曾經考到一次九十五分，但他當時吞了混淆夢境與現實的「反夢丸」（另譯逆夢藥、相反作夢藥），令人無法確定是否㊱16為現實。

再加上考到九十五分不久之後，玉子就大聲嚷嚷著「彩券中了一百萬日幣」，所以這個九十五分確實相當可疑。

更詭異的是，唯獨這一幕的前後一、兩頁，不管是大雄、玉子以及靜香，長相都判若兩人，令人忍不住懷疑，作者是不是換了一個人……

◎「大雄在班上是倒數第二名」是真的嗎？

話說回來，在二十五年後的未來，雄助曾在日記裡寫下這麼一段⑯38話：

「3月10日雨。因為成績下滑被罵。雖然爸爸逞強地說『爸爸我在班上總是考第二名耶』，但我非常清楚其實是倒數第二名。」

大雄的智商只有靜香的六分之一、小夫的七分之二，以及胖虎的二分之一，班上真的有成績比這樣的大雄更差的少年嗎？

能夠成為有力證據的故事，大概就是「多目同學」了吧。有一[㉓104]天，大雄班上來了一名叫做多目的轉學生。在十次的考試中三次會零分，成績確實比五次中有一次零分的大雄差。另外，運動方面似乎也比大雄更加不拿手。

換句話說，因為多目同學的存在，大雄才能夠脫離班上萬年吊車尾的命運。不過，這位多目同學不久之後再度轉學了。如今仔細一想，大雄是倒數第二名與考試一百分一樣，似乎都只是截取最風光時刻的片段而已。

◎二十五年後的未來，為何不見玉子與大助登場？

如果玉子是出生於昭和十五年至十七年之間的話，那她就是在戰亂中出生，並在戰後的混亂中度過孩提時期。大助的狀況也幾乎相同。

在那個時代唯有具備玉子這般堅毅個性，才能夠生存下去。玉子會責備總是好吃懶做的大雄，也許是天經地義的道理（甚至創下2小時15分59秒全程碎碎唸的記錄㉜15）。

另外，大雄有戴眼鏡，而玉子以及玉子的母親也都有戴眼鏡。甚⑦72至連玉子的弟弟．玉夫也不例外。看來玉子家的血統似乎歷代視力都②59不好。然後，唯獨這麼一個缺點，就這樣遺傳給了大雄。

還有，十五年後大雄與靜香會結婚，這麼一來玉子與靜香就會變成婆媳關係。靜香的個性也一點都不輸給男生，將來婆媳兩人是否能夠和平共處呢？

再者，大雄的孩子出生之後，如果靜香打算責罵孩子時說：「真是的，雄助！」很可能大助與雄助註*會同時回話。在這種祖孫同名的情況下，想要責罵自己的孩子似乎有點困難。

然而二十五年後，卻有件令人在意的事情。

大雄曾數度造訪這個時代，不過他與靜香所住的12樓68室大廈⑥162裡，卻不見玉子與大助的身影。

當時的大助為61歲，玉子則為57至59歲之間。假使他們與大雄、靜香分開住的話，就很有可能是婆媳相處確實有點合不來吧。

註＊　大助（のび助）與雄助（のびすけ）的日文發音相同。

▶ Chapter 08 ◀

靜香的祕密

◎「靜香的胸部變大了」是真的嗎？

提起「靜香」這個人，姑且不論水戶黃門的由美薰的話，即便稱她為日本代表的洗澡藝人也不為過。

靜香的口頭禪是「只要一天沒洗澡就會渾身不對勁」，可是就算㉒166白天去靜香家，她也總是在洗澡。因此，可以肯定的是放學後回到家她會先洗一次澡，睡覺前再洗一次澡，一天最少兩次。

對此，大雄的評語為：「她是真的有潔癖，還是容易弄髒身體⑱37呢？」

還有，大雄與哆啦A夢對任意門說出「靜香」後打開門，如今有高達百分之百的機率會直達靜香家的浴室。而且每每這個時候，靜香有九成以上都在泡澡。

「不是我在說，妳也太誇張了吧。為什麼老是在洗澡，好歹也為我的立場著想一下嘛。」對於大雄刻意不提自己粗心大意，單方面指責靜香的心情，我們似乎也不是完全無法理解。 ⑳118

靜香到底是基於何種理由才會打算與大雄結婚，有一種說法認為那是因為大雄看過太多次自己的裸體了。

然而，不可思議的是哆啦A夢與大雄用「任意門」來到靜香家的浴室，為什麼不曾撞見靜香的父母親呢？不過這大概就像是黃門大人撞見八兵衛的裸體一樣，沒有什麼看頭吧。

話說回來，關於靜香的裸體鏡頭，在第⑫集中她的胸部只不過是個平坦到不能再平坦的飛機場，甚至連乳頭都沒有描繪出來。但是卻在第㉑集時，出現有乳尖的畫面。更甚者，故事發展到第㉖集左右， ⑫125 ㉑157

她的胸部變成有女性魅力的微微隆起，不僅如此，身材整體似乎也變㉖129得更加有魅力。那曼妙的身材曲線，好到即使說她是十五歲以上的少女也行得通。

是她轉大人了嗎？亦或是由於世界的遷移變化，才改成這樣子的？實在令人難以判斷呀。話說回來，只不過是個十歲小女孩的裸體，也能夠衍生出諸多討論，這絕對是相當神奇的事情。

◎靜香的父親從事何種工作？

關於靜香的父親，他過去只出場過兩次而已。第一次是第①集，大雄與哆啦A夢造訪靜香家時，靜香曾表示「我爸爸正在家裡工作」①134，而她父親則是面對矮桌正在寫東西。他面對放在那張桌子上的幾本厚重書籍與橫式的書寫用紙，正在疾筆寫下文字。

然後，第二次登場是在第㉕集，十五年後的婚禮前一天的場面。靜香的父親一邊抽著菸斗一邊與靜香對話。㉕186

「我不在的話，爸爸您一定會感到很寂寞吧……我從來沒有為爸爸和媽媽做過什麼。」

於是，靜香的父親這麼回答：「沒這回事。妳已經留給我們相當美好的禮物了。第一份禮物就是妳的出生，記得那是發生在凌晨三點的事情。當妳呱呱墜地的那一瞬間，我彷彿聽到了天使吹奏的喇叭樂聲……當我離開醫院時，東方的天空雖然微微泛著白光，但我的頭頂上仍是一整片閃閃星空。在這寬廣宇宙的一隅，有個體內流著我血液的生命在剛才誕生了。一想到這裡，我就情不自禁地一陣感動……」

由此可知，靜香的父親以充滿文學性的表現述說過往的回憶，再綜合前面伏案的場面看來，靜香父親從事的應該是大學教授之類的職業，再加上他使用的是橫式用紙，容易令人聯想到他專精於法國文學或英國文學之類的範疇。

另一方面，關於靜香母親的資訊，雖然她三不五時會登場，但都是只有在玄關打招呼的程度，並沒有任何具代表性的故事。不過，她似乎是個容易發福的女性，讓人對身為她女兒的靜香的未來也感到憂心忡忡。然後，靜香曾經說過「媽媽的夢想就是將我培養成鋼琴家」。長篇⑨19

此外，在靜香的親戚之中，曾經有一名從事美術評論家的叔叔登場過一次。⑧174 但是，他在看到大雄的畫之後，對一名年僅十歲的少年說出「這是你讀幼稚園時畫的圖嗎？」這麼神經大條的話，可見得他也不是什麼了不起的大人物。

◎靜香的「夢想」是什麼？

靜香母親的夢想是將女兒培育為未來的鋼琴家，但當時的靜香則是自暴自棄地認為「我又沒有天賦」。靜香偶爾會說：「我不喜歡那個鋼琴老師，太嚴格了。」並裝病翹掉鋼琴課。（長篇⑨19、㉓30）

另外，靜香也會拉小提琴，但難聽到不輸給胖虎歌喉的地步也是相當有名的話題。也許靜香原本就缺乏音樂方面的素養也不一定。

而這樣的她將來想從事哪方面的工作？答案似乎是「空姐、護士、幼稚園老師……有好多好多，真令人傷腦筋耶」。（㉗105）看來靜香是個擁有很多夢想的女孩子。

另外有點詭異的是，她似乎相當憧憬魔女。（㉖74）話雖這麼說，但她並不像大雄那樣把魔法用來做壞事，或是用來報復胖虎等邪門歪道上。想要使用魔法幫助有困難的人們，即為她的心願。

無論是前面所述的職業也好，或是這個魔法也罷，靜香想對他人有所貢獻的心情相當強烈。這麼看來，或許將來與大雄結婚一事，想必也是出自於「自告奮勇當志工與大雄結婚」的心態吧。

話說，靜香想成為魔女的夢想，已經由哆啦A夢透過「無生物催眠擴音器」獲得實現。舉例來說，只要使用這個擴音器朝著椅子說「你是狗狗，你是狗狗」，椅子就會彷彿狗般動起來、奔跑、在電線桿旁小便等，能夠引起如此神奇的現象。嗯……也可以算是終極道具之一。

然後，哆啦A夢使用這個擴音器，對掃箒下達飛在空中的催眠。接下來，靜香跨上那根掃箒在空中飛翔，盡情地享受當魔女的滋味。另外，這時的靜香曾對飛行掃箒說出獨特的感想：㉖80

「長時間跨坐在上面的話……小魔女莎莉或小仙女小惠也會覺得屁股很痛嗎？」

還有，大雄曾經有一次，為了得知靜香收到什麼樣的生日禮物會開心，而使用名為「意見詢問機」的道具。拔走一根靜香的頭髮，放[㉘66]入這個機器中，螢幕上就會顯示出她的臉，並回答問題。

根據這一點得知，她現在最想要物品的第一名為「電風琴」，第二名為「漂亮的禮服」，而第三名則是「網球場」。

另外，如果問她最喜歡的食物是什麼的話，答案則是「——第二名為起司蛋糕，第三名為壽司」，但不知道為什麼不說出心目中的第一名。當哆啦A夢將誠實刻度調到極限，顯示在意見詢問機中的靜香便回答「烤蕃薯」！原來在她心裡懷抱著「就算只有一次也好，好想要[㉘70]痛快地吃堆得像小山一樣高的烤蕃薯，可是又害怕形象會因此毀掉……」的想法。

於是，大雄與哆啦A夢帶了一大堆烤蕃薯去參加靜香的生日派對，想當然耳，靜香絕對開心不起來。畢竟那個想法來自於過度坦率的機器。

關於靜香的「夢」還有另一傑作。那是發生在大雄使用「夢之梯」時的事情。這個道具是用於睡覺時做的「夢」裡，能夠造訪別人的夢境，或將別人帶到自己夢裡。㉘87

然後，當大雄使用這項道具造訪靜香的夢境，便看到她正在阿拉伯國王才會使用的大理石浴池裡洗澡。在現實中洗不膩，竟然連在夢裡都要洗澡。靜香簡直就是日本第一的洗澡女明星。

靜香會使用縫紉機，除了洋娃娃的衣服之外，偶爾也會動手做自己的衣服。㉙129 再來就是她也相當擅長做料理，去胖虎叔叔的山林寺廟時，她一手包辦所有人的三餐。㊲166 是個可以馬上娶回家的女孩子。

長得可愛，頭腦又聰明，個性也很好，撇除似乎有點潔癖的愛洗澡之外，可以說沒有任何可挑剔之處。而這樣的女孩子，將來會與大雄結婚，說起來還真是令人羨慕呢。

但別忘記一點，「未來也許會改變」可是哆啦A夢的口頭禪喔！

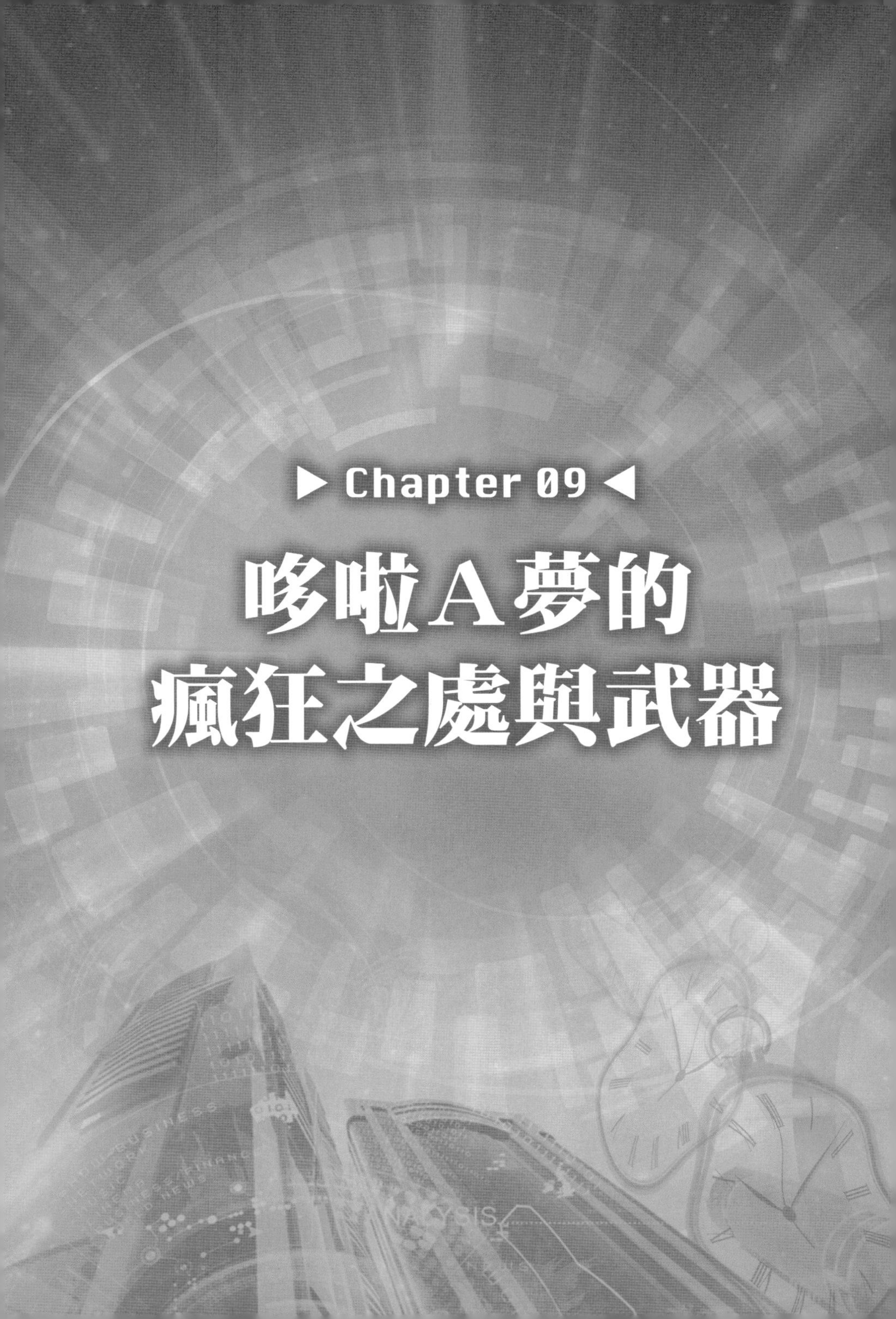

▶ Chapter 09 ◀

哆啦A夢的
瘋狂之處與武器

◎哆啦A夢抓起狂來會怎樣？

哆啦A夢這個機器貓，偶爾會陷入瘋狂狀態。

哆啦A夢害怕「老鼠」，已經是眾所周知的事情了。過去的哆啦A夢似乎有耳朵，但它睡覺時被老鼠偷偷咬掉，從那之後就一直維持著沒有耳朵的模樣直到現在。也因為這個理由，哆啦A夢最討厭老鼠了。

老鼠的親戚當然也不行。大助公司的部長不在家的期間，曾將自己的寵物黃金鼠託付給野比夫妻照顧。於是，哆啦A夢大叫：「我不要、我不要、我不要，呀呀呀呀！好可怕、好可怕啊！」最後他還離家出走。（長篇⑨22）

只要老鼠一接近哆啦A夢，他肯定會陷入抓狂狀態。

當哆啦Ａ夢雙眼發直時就要提高警覺，這時的他可以說是相當危①157等等險的存在。因為這時候他從口袋裡掏出來的道具種類，都會大大超出一般常理的範疇。

舉例來說，「機關槍」或「巨無霸槍」——這把槍似乎能夠一擊就⑦83打飛戰車。「熱線槍」（另譯雷射槍）——這把槍能夠在一瞬間讓鋼筋水泥大廈灰飛煙滅。

而且哆啦Ａ夢竟然打算就在大雄家使用威力如此強大的武器。除此之外，當哆啦Ａ夢陷入這種瘋狂狀態時，即使別人只是說到「老鼠」的「老」這個字，也會遭到攻擊。而且，如果老鼠躲起來，遲遲無法解決掉的話，哆啦Ａ夢最後會掏出來的終極道具就是——「地球⑦84毀滅炸彈」。

這顆地球毀滅炸彈與其他小道具的等級截然不同，似乎是個威力相當驚人的炸彈。順帶一提，當哆啦Ａ夢的情敵出現時，曾經因此導致他醋勁大發而抓狂，差一點引爆炸彈。另外，哆啦Ａ夢也曾經拿出㉗28威力強到能夠「用炸彈連同整個家一起炸上天」的另一種炸彈。⑰148

話說回來，世修所存在的二十二世紀未來世界，這麼危險的物品竟然是在一般市面上販售啊！

◎哆啦Ａ夢都是使用何種武器戰鬥？

哆啦Ａ夢大長篇中，有許多與敵人戰鬥的場面。但基於莫名的理由，前面所述之強大道具一律沒有登場。

舉例來說，如「唬人手榴彈」（另譯嚇人手榴彈、笑面虎手榴長篇⑧159彈）——只要將這顆手榴彈扔出去，就會產生強烈的聲光效果，不過作用充其量只有這樣而已，或「唬人火箭筒」（另譯唬人砲、虛張聲勢火箭筒）與「虛有其表飛彈」（另譯裝飾飛彈、假導彈）等，光聽名稱就能知道其威力了。哆啦Ａ夢通常只會掏出這類的道具而已。 皆出自⑧165

嚴格說起來，其實也有厲害一點的武器，但也只比平常拿出來玩的道具強上一些而已。

舉例來說：

「空氣砲」——將此道具套在手上即能使用，似乎能夠以空氣壓力取代砲彈並發射出去。大致上為類似衝擊波的東西。 ㉒108

另外也有迷你版本的空氣砲——「空氣槍」。將其套在手指上使用，威力頂多也只能推倒人而已。兩種道具都會有彈藥用盡的時候。 ④138

再來就是能夠在水裡使用、被稱為「水壓砲」，外觀看起來與空氣砲一模一樣的道具。 長篇④191

「瞬間接合槍」（另譯瞬間膠槍）——能夠發射黏液，牢牢固定住敵人。外觀類似黏鳥類等小動物的黏膠。長篇⑦150

「縮小燈」——眾人耳熟能詳的道具。能將敵人縮小，因此會讓人覺得威力強大，然而此物的外觀原本就像是小型手電筒，所以照射範圍有限，只能近距離使用。長篇④192

「火箭網」——火箭會一邊飛一邊張網，能夠將朝自己飛來的敵人一網打盡，威力還算可以。長篇⑪169

「名刀電光丸」——這是一把內建雷達，能夠掌握住襲擊而來的敵人動向，並自動打倒敵人的刀。雖然是刀卻不是用來砍對手，殺傷力似乎只與用刀背打人的效果差不多。另外，這把電光丸透過時光機被帶到過去，贈送給了宮本武藏。⑪62

「閃避披風」（另譯閃躲披風、魔術披風）——能夠名符其實地閃避敵人發射過來的子彈或雷射光。而且如果能完美操控披風的話，還能夠回擊敵人。可以說是個相當划算好用的道具。

長篇⑨110

「衝擊石矛」——只登場過一次的道具，外觀看起來就像古代的石矛。能夠發出電擊，即使是大象也能夠一擊電昏。根據哆啦A夢所說，他是「二十二世紀的最新機型」，但仍然不敵二十三世紀的同款機型。另外也有「衝擊槍」登場，構造與衝擊石矛類似。

長篇⑨35

「改良型迴音山」——並不是直接拿在手上作戰的道具，而是放置於地面運用。當敵人發動攻擊時，此道具就會產生反應，以攻擊迴音將攻擊反彈回去。

長篇⑦162

以上大概就是主要的道具。

還有，在能夠操控時間的道具中，也曾出現過「驚・時機」（另譯 ㉑28 變時鐘、狂時機、瘋狂時間器、時間停止器）或「終極暫停碼錶」 ㊴116（另譯超能停時錶、暫停時間錶）等，眾多能夠停止時間，並且只有自己能夠在靜止的時間中行動的道具。然而，這類道具似乎也不會用來戰鬥。儘管我們相信，使用這些道具的話，局面將會對哆啦A夢等人相當有利。

如此想來，哆啦A夢的戰略可以說是徹底地貫徹——堂堂正正的正面對戰、不會使用比敵人強大的武力之信念——但只限於老鼠以外的對象。

▶ Chapter 10 ◀

胖虎與小珠的祕密

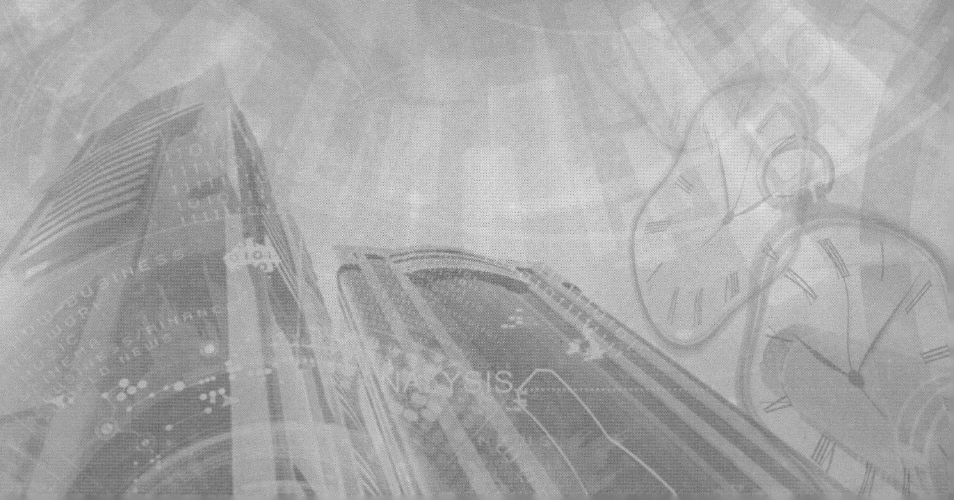

◎胖虎的家族都是些什麼類型的人？

身材壯碩、孔武有力，最喜歡打架與欺負弱小的孩子王．胖虎也就是剛田武，家裡經營蔬果店。而剛田一族，每個人也都強悍得不得了。㊴75

大家都知道「胖虎唯一贏不了的對象就是他的媽媽」，但他的爸爸似乎也不是胖虎能夠勝過的對象。①139

過去胖虎曾經從大雄手上偷走名為「電腦筆」的未來道具，用這支筆考到一百分。然而，當他得意洋洋地將那張答案卷展現給爸爸看時，爸爸竟然一邊流著淚一邊說出這番話：

「總是考不及格的你絕對不可能突然考到一百分！天生資質駑鈍也是沒辦法的事，但我可沒教你做出這種投機取巧的行為吧！」

接下來的發展，當然不用說，胖虎被爸爸痛打了一頓。他的爸爸似乎能夠單手以一掌拍斷木板，胖虎似乎也是跟這樣的父親學習柔道。④22、⑤152

另外，住在附近的堂哥也很強，柔道三段、劍道五段、拳擊與合氣道，甚至還學過少林拳法。只是請大雄他們吃蛋糕而已就逼他們幾個幫忙搬家，然後又雀躍不已地出門約會去，可以說是相當任意妄為的男人。㉙142

不過，胖虎的親戚裡似乎也有貨真價實的武術家。那就是胖虎相當尊敬的人物——叔叔，柔道十段的武術高手。當胖虎低頭拜託他「請教我柔道，我想要變得更強大」時，他回答「武（即胖虎），柔道並不是用來打架的」，對胖虎諄諄教誨一番。㊱15

「你追求的強大是野獸的強大，真正的強者不會耍威風，也不會欺負弱者。學習柔道真正的目的在於，琢磨出一顆懂得包容別人的心。」

由於這番言論，受到「腦袋好像被雷打到一樣」所衝擊的胖虎說：「提起這附近一帶最弱小的人就是大雄了，所以我要保護大雄。」並自願擔任大雄的保鑣。其實胖虎內心很善良。當然他也只有三分鐘熱度，這一點就不必多說了。

◎有謠言指出「胖虎有女裝癖」？為什麼胖虎有兩個本名？

胖虎所率領的業餘棒球隊伍為「胖虎隊」，而他平常打棒球的附 ⑥24
近空地為「胖虎球場」，視萬物為己物，支配著附近孩子們的他，其 長篇①6
實也有令人意外的一面。

「沒有人知道我這個祕密，呵呵呵」如此說著的胖虎，獨自一人 ⑤172
偷偷用莉卡娃娃玩起扮家家酒的這一幕，被哆啦A夢目擊到。於是，胖虎說：「我請你吃銅鑼燒，絕對不可以說出去。」並拚命央求哆啦A夢保密。只要哆啦A夢遵守約定的話，這個祕密絕對不可能外流。

然而，當胖虎因為未來的模擬酒精——「醉醺醺瓶蓋」（另譯製造快 ㉚109
樂的瓶蓋、微醺瓶蓋、酒仙蓋）而酩酊大醉時，一邊哭哭啼啼地發起酒瘋一邊說出「人家好難過喲」的女性用語，不難想像他將來會踏上女大姊之路。

還有，胖虎似乎相當在意自己3．5公分的凸肚臍，並曾對大雄㉙11、坦白，希望他能夠用哆啦A夢的道具幫自己解決這個問題。⑦167

又有某次，胖虎曾經說要「把這裡打造成繁花盛開的城鎮」，在⑧5電線桿根部撒下花的種子。也許真正的胖虎是個相當內向害羞的男孩子也不一定。

話說，胖虎的本名為剛田武。雖然這一點絕對不會錯，卻也出現⑩11過另外一個頗像本名的名字。

那個名字被記載於哆啦A夢從未來郵購的「大百科事典」，TA⑨18至NA卷第1259頁關於土龍資料的欄位中。根據這一欄的資訊，我們可以得知「土龍在過去只被視為想像中的動物，但在1976年由東京的鄉田武先生發現」一事。

雖然大雄他們仍然經常搭乘時光機，將歷史搞得亂七八糟的，不過這裡所記載的鄉田武，似乎正是胖虎本人。

那麼未來的「大百科事典」弄錯人名，而這個人名還是發現土龍、帶來歷史性的一刻的發現者名字。這到底是怎麼一回事呢？「剛田」與「鄉田」兩者相較之下，鄉田聽起來較為敏感纖細，給人羸弱的感覺。或許可以將鄉田想成胖虎未來的藝名或花名吧。

◎「胖虎要隱退不當歌手」是真的嗎？

提起胖虎的夢想，一開始是想活用那充滿男子氣概的肉體美「成為時尚圈模特兒」③108。但是目前則一直聚焦於「成為歌手，獲得最佳男歌手獎並站上紅白舞臺」㉗105，這件事也是相當著名的話題。

他過去也曾無數次在空地上舉辦「剛田武演唱會」（另譯胖虎演唱會）⑧38等等。這個演唱會一開始是免費入場，還會發送招待券，後來卻變成付費制，而且似乎有逐年漲價的趨勢。順帶一提，關於入場費用在第㉝集為「梅50日幣．竹20日幣．松10日幣」，而在第㊶集則變成「松座位100日幣．竹座位50日幣」。㉝16、㊶143

過去胖虎也曾出過唱片——大雄唱片公司所推出的「少女的愛之夢」。這張專輯當然是使用哆啦Ａ夢的未來道具製作而成，但胖虎竟然還在路邊擺攤販售這張「少女的愛之夢」專輯（價格不明）。⑪168

另外，「剛田武歌友會」（另譯胖虎歌友會）也是在胖虎的強迫推銷之下成立的。㉝16

班上所有的同學都被迫戴上，令人無法忤逆的未來道具——「歌友會組成徽章」（另譯歌迷俱樂部徽章），而大雄與哆啦Ａ夢同樣也是被迫擔任會長與幹事一職。更甚者，最近似乎還設立了「胖虎音樂教室」，他貼在空地水泥管的廣告傳單上寫著「招生中，朝歌手之路邁進吧。由世界級歌手剛田武進行親切的個人指導」。㊶143、㊸130

他本人就是這樣充滿幹勁，但大家都知道他的歌喉嚇人程度，可是被評為「公害之一」、「腦袋要爛掉了」、「好想吐」。⑧39

然而，這樣的胖虎最近竟然說出：「我要從演藝圈退隱，恢復普通男孩子的身分。」㊵63表示想舉辦告別歌壇演唱會。

認為這番話相當可疑的哆啦A夢使用「吸取真心話幫浦」，偷偷調查胖虎的心聲後，得知實情為：「一直無法提高人氣，做起來很沒㊵65有成就感。如果我在這個時候說要隱退的話，大家會怎麼樣呢？想必會相當驚慌失措吧。事到如今才感受到我的歌聲有多麼美妙，然後大家就會異口同聲地說太可惜了，勸我別隱退。然後，我就在這個時候勉為其難地宣布要重返。」非常遺憾，看來大家似乎還得忍受胖虎的地獄歌喉好一陣子。

◎胖虎談了怎樣的戀愛？

原作中偶爾會出現小夫費盡心思準備生日禮物，想討靜香歡心的⑭47場面，但胖虎似乎很少做出這類的舉動。胖虎喜歡的到底是什麼類型的女孩呢？

胖虎只有墜入愛河一次。對象是擁有一頭栗子色頭髮，彷彿洋娃㉙66娃般的可愛女生。也許喜歡上她的道理與胖虎的祕密——「莉卡娃娃」相通也不一定。

於是，他向哆啦Ａ夢借來「丘比特之箭」（另譯愛神之箭），照理來說，只要射中那名女孩，她就會情不自禁地愛上胖虎。然而，平常在業餘棒球中總是擔任投手與第四棒打者的那個胖虎，等到實際上陣時，卻完全無法命中目標。

最後，那名少女離開了。她似乎是從大阪來到這裡的親戚家玩。

於是胖虎的戀情（恐怕是他的初戀），就在失意落寞中畫下了句點。

◎為什麼唯獨小珠有所成長？

小珠是胖虎的妹妹。在前面的章節也說明過，這似乎就是她的本名。

她與哥哥胖虎極為相似，是個相當暴力又粗魯的女孩子。但是在第㉒集裡闡明「小珠的夢想是成為漫畫家」之後，她的形象便產生了劇烈的變化。㉒62

接下來，小珠想成為漫畫家的夢想，似乎在日後一步一步地朝實現之路邁進。而小珠一開始似乎是在畫搞笑漫畫。

某天，胖虎在小珠的書桌抽屜裡發現了大雄的照片，身為哥哥的胖虎誤以為小珠喜歡上大雄，但真相其實是她想把大雄畫成搞笑漫畫的主角。

過了好一陣子，胖虎說：「融入小珠心血結晶的嘔心瀝血新作，[㉔110]終於完成了。」不過在這個時間點她的作品已經轉向通俗劇的題材。

另外，嘔心瀝血之作的標題為「小珠小姐」（另譯阿花小姐）。

在接下來的故事裡，她已經決定好筆名，也就是著名的「克莉斯[㉙183]汀剛田」。筆觸走濃濃少女漫畫風格，繪圖技巧也有明顯的提升。

但是，根據小珠本人的評語則是：「不管是哪一部作品都只是模仿職業漫畫家而已。我心裡想要畫的才不是這種不入流的作品。」並生氣地拍打原稿。

還有，小珠在這個時期所畫的漫畫標題為「濃情巧克力」、「安可樂夢娜物語」（另譯安格拉少女之戀）、「日出處天氣」（另譯日出處的天氣）、「小甜蜜」（另譯甜食的誘惑）等[註*]。

註＊　《安可樂夢娜物語》參考竹宮惠子所畫之《仙女座物語》（或譯《安朵蘿美達物語》）而來，《日出處天氣》參考山岸涼子所畫之《日出處天子》而來，《小甜蜜》為參考五十嵐優美子所畫之《小甜甜》而來。在此以接近原作之譯名翻譯。

接下來，終於等到小珠所畫的「強・烈的愛」，受漫畫雜誌「拉芙[37]179蕾西亞」總編輯賞識的日子來臨。小珠報名了漫畫新人獎，儘管她沒有入選，卻收到總編輯親自來電，並給予「我從妳的作品中感受到耀眼的才華，下次畫出新作品的話，請務必讓我看看」的評語。

而且大雄這時也認真地做了評價：「小珠……長得那張臉……竟然能夠畫出這麼美的故事……太令人感動了。」

「雖然大雄做任何事都不管用，但我認為他確實有看漫畫的眼光。」胖虎這麼說，而大雄也一副信心滿滿地說：「我覺得有趣的漫畫一定會大賣的。」因此可見小珠的漫畫確實不得了。

更甚者，小珠還將零用錢存起來自費出版新作品——「彩・虹紫羅[39]183蘭」（另譯彩虹的故事）。哥哥胖虎原本打算在路邊擺攤出清庫存，作品卻嚴重滯銷。就在這個時候，一名像是御宅族的年輕人來到攤位前，購買漫畫後一看，說出以下這番評論：

「我正在蒐集漫畫，這位作者在不久的將來一定會成名。這麼一[39] 191來的話，這本漫畫就會變得相當值錢了。在二手書店搞不好價值十萬日幣之類的……」

「彩虹紫羅蘭」當天立刻銷售一空，這一點自然不用多做說明吧。

就像這樣，小珠的故事線是以驚人的速度進展。相較之下，其他成員幾乎沒有任何變化或成長，到底為什麼唯獨小珠有所成長呢？更別說，小珠是胖虎的妹妹，年僅八歲左右。年紀這麼小，卻有這麼驚人的畫畫水準，簡直可以將小珠的成長稱之為天才漫畫家的誕生。

如此優渥的待遇，看來也只能視為上帝（也就是作者）的恩寵了……

◎大雄真的能與小珠結婚嗎？有謠言指出「小珠交到男朋友了」？

大雄曾經暫時性地有過將來會與小珠結婚的未來（假設那本「相簿」是真的的前提下）。

這麼一想，也許對大雄而言，未來與這樣的小珠結婚並不算太糟糕。

因為暢銷漫畫家在現代的日本可是最賺錢的職業。能娶到這樣的太太，未來可以說是獲得能夠翹著二郎腿悠哉度日的保障。如果大雄無論如何都相當在意小珠的長相與體型的話，其實也還有可以用哆啦A夢的各種變身道具改變她外貌這一招。

更何況從大雄的個性看來，當個吃軟飯的老公似乎也不壞。話雖這麼說，但是小珠也有選擇的權利吧。

她最近似乎終於交到男朋友了。對方是住在隔壁區、名為茂手持[40]（173）夫的少年。非常受到女孩子歡迎，據說他在情人節時收到多達一百份的巧克力，是個有名的花花公子。

但令人意外的是，茂手的興趣竟然是畫漫畫，他與小珠意氣相投，甚至還進展到要一起發行同人誌的地步。

換句話說，從現階段看來，大雄已經完全被小珠拋棄了吧。

▶ Chapter 11 ◀

小夫與小杉的祕密

◎小夫與小繼之間的關係是？

小夫是有錢的少爺又愛慕虛榮，總是喜歡向大家炫耀稀奇的東西註*。很會拍馬屁，但似乎只有大人吃這一招。個性明明相當懦弱，卻為了討好胖虎而狐假虎威。

然而這位評價不太好的小夫，複雜的家庭環境近期終於被揭曉了。那就是——其實小夫有個親弟弟。㊵132

弟弟叫做小繼，由於住在紐約的超級富豪叔叔膝下無子，因此似乎在數年前從骨川家被過繼給叔叔。

註* 提到小夫，當然就是遙控玩具。小夫所擁有的最大遙控模型為原始尺寸縮小一百五十分之一，全長共一點七五公尺的大和號戰艦。一旁的小船是大雄用存起來的零用錢買的遙控船。但卻被小夫的大和號給弄沉了（⑭162）。

原本小夫與小繼會以兄弟的身分，共同在位於東京的骨川家生活。考量到這一點，我們似乎也能夠理解雙親為何如此溺愛小夫，任由小夫為所欲為。對這個時期的少年而言，這件事絕對造成了相當大的精神創傷。另外，小夫與遠在紐約的小繼，一直以來似乎都有書信往來。

◎小杉是何時登場的？

某天，大雄來到了靜香家，當他在玄關前與靜香對話，並邀請她擔任他自製電影的女主角等話題時，一名少年從房子裡走了出來。⑳173

「聽起來似乎很有趣。」那位少年說。

「小杉你在這裡啊。」大雄一臉不悅。

這就是小杉在單行本第⑳集裡，首次登場的場面。

故事中並沒有任何關於他是轉學生的說明，似乎是自然而然地以同班同學之一的身分存在，從以前就和大雄以及其他成員是朋友。而且，小杉對大雄而言，似乎是突然圍繞在靜香身邊的強勁情敵。

不過，其實在小杉登場之前，也曾經有名為戶手茂出來同學以及 ⑪104
矢部小路（通稱公爵）等，頭腦聰明且似乎相當有異性緣的少年登 ⑫111
場，但又立刻退場。因此，似乎也可以說小杉同學就是這些人的綜合體。

◎有謠言指出「小杉是外星人」？

小杉的本名為出木杉太郎。 ㉒158

真要提起他是個怎樣的少年的話，那就是考試總考一百分、在班 ㉒25
上成績也總是第一名，打起棒球來的話，還能夠展現出美技擊出漂亮的全壘打。更別提，根據小杉本人所言，小夫得花三個小時、胖虎得花四個小時，而大雄必須通宵一路寫到天亮的作業，他「只需要十分鐘就寫完了」。

另外，雖然小杉家裡很有錢，但他卻不像小夫那般愛炫耀。為了購買顯微鏡，他還當起附近鄰居小孩子的家教。㉒160

當大雄為了寫心得作文的作業去向小杉借書時，只見小杉房間裡㉗99有著兩個高到天花板的大書櫃，上面擺滿了似乎很艱深的書（順帶一提，大雄的房間裡也有兩個書櫃，但其中除了十九本書之外，其餘皆㊶111為漫畫書），小杉還相當親切地指導大雄。看來他連個性也優秀得沒話說。

再者，他會為了興趣而下廚，廚藝好到能夠獲得靜香說：「好美㊵188味！」哆啦A夢也表示：「這真是太好吃了！真的！我可不是在說客套話喔！」以及令那個視他為情敵的大雄說出：「好、好好吃！雖然很不甘心，但真的很好吃！」的超高評價。

根據小杉所說：「從今以後的時代，女性也會開始出社會工作吧。我認為不應該將所有的家事都推到女人的身上。」（……這是就讀小學四年級的男生會說的話嗎？不過，身為局外人的我們在這裡嫉妒小杉也沒有用。）

像這樣，小杉可以說是一名沒有任何缺點的完美少年。再加上，也許是因為他突然登場的關係，甚至傳出「小杉該不會是外星人吧」的謠言。而這樣子的小杉是大雄的情敵，從世間的常理看來，大雄絕對毫無勝算。

但是，在二十五年後的未來，是大雄與靜香結婚，小杉則是與別的女性（恐怕是外國人）結婚，甚至還生下一名叫做英世的孩子。不㊵190過，沒有人能夠保證接下來的未來絕對不會改變。

兩人無法結為連理的原因，恐怕是由於小杉的個性與靜香極為相似，像到可以稱他為男版靜香的關係也不一定。即使他與靜香成為好朋友，卻沒辦法進一步發展成情侶關係，也許他們兩人之間註定如此吧。

◎小杉喜歡靜香嗎？

先姑且不論未來如何，想知道此時此刻的小杉對靜香抱持何種想法的話，其實有故事能夠告訴我們這一點。

大雄眼看著小杉與靜香越走越近，於是拜託哆啦A夢想想辦法。儘管哆啦A夢無奈地心想又來了，但還是拿出名為「先入為主蛋」[㊲139]（另譯印刷蛋、印上去的蛋）的道具。據說這顆蛋的效果是，只要把人放入這顆蛋裡十五分鐘，時間到了之後打開蛋的蓋子，蛋裡的人就會喜歡上第一眼見到的對象，喜歡到無法自拔的地步。

於是，好不容易把靜香放入這顆蛋裡，蓋子打開的瞬間，靜香「咚」地探出頭來時，出現在她眼前的人竟然是小杉。

接下來，靜香緊緊抱住小杉不放，但小杉卻說：「快把靜香恢復原狀吧。」「雖然我也最喜歡靜香妳了，但是我不想依賴這種機器打動妳的心。」

果然是只有小杉才會說出的模範生答案，和想要利用道具擄獲靜香芳心的大雄有著天壤之別。

不過，這麼看來小杉確實是喜歡靜香的，也許今後能夠頻繁地看到，小杉積極追求靜香的場面也不一定。

▶ Chapter 12 ◀

靜香與大雄的未來

◎靜香為什麼會決定與大雄結婚呢？

雖然這是眾所周知的事情，但為什麼未來靜香會決定與大雄結婚呢？根據靜香本人的說法是，「如果我不陪在大雄身邊的話，放他一[20] 162個人太危險了。實在讓人看不過去」。換句話說，我們可以推測是大雄激起了靜香偉大的母性。

靜香說這句話的時間點，是十四年後的10月25日，而讓靜香下定決心的關鍵則是在以下的故事中。

十四年後，靜香去爬雪山時不慎與夥伴走散，現在的大雄則是透過時光電視看到這個情況，並打算前去拯救靜香。當然他不可能維持小孩的模樣前往，於是一如往常地借助了「時光布」的力量。

接下來，變身為青年大雄的他搭乘時光機前去救援靜香。不過，果然不出所料，大雄完全派不上用場。他不僅扭傷腳，還遺失眼鏡，最後在靜香的攙扶下好不容易才成功下山。在那之後不久，就如同開頭所說，靜香對大雄許下結婚的諾言。

但可以肯定的是，在這件事情發生之前，大雄應該已經不斷地對靜香說過「嫁給我吧、嫁給我吧」的求婚台詞了。從這一點看來，大雄可以說是個相當厚臉皮的人。

另外，在現在的時刻中，除了被哆啦A夢用可疑的道具操控心靈之外，靜香從來沒有說過「我喜歡大雄」這句話。

不過即使在現在，也曾出現過讓人覺得兩人之間的連繫，強大到超乎想像地步的場面。舉例來說，這是大雄吞下名為「討人厭錠」的未來藥錠後所發生的事情。只要一吞下這顆藥錠就會「散發出令人不愉快的強烈輻射」，並遭到眾人討厭，沒有人會願意接近自己。

至於大雄為何要吞下這顆藥錠，其實是因為大雄在學校遭到老師斥責：「老師我可以斷定，你繼續這樣下去的話，將來絕對不會成為

㉜ 188

有出息的大人。」對未來感到悲觀的他，自暴自棄地心想「如果靜香嫁給我這種人的話，一定會一輩子不幸」。於是他下定決心，要與靜香斷絕一切往來。

大雄為了惹靜香討厭，做出許多亂來的行為，卻反而讓靜香起了疑心。靜香擔心大雄打算自殺，因此來到大雄家，而大雄就是在這個時候吃下這個「討人厭錠」。

更別提，明明一顆的劑量即已足夠，他卻一口氣吞下十六顆。於是，大雄立刻開始散發出前面所提的不愉快輻射，甚至讓哆啦A夢丟下一句「光是待在你身邊就讓人火冒三丈」的感想後跑掉。在樓下的媽媽玉子也說「總覺得二樓有個相當令人討厭的東西，讓人根本不想待在家裡」並奪門而出。

然而，在如此惡劣的狀況下，唯獨靜香一個人用爬的才好不容易爬上樓去幫助大雄。

大雄因為吞下太多顆藥錠而在走廊上頭昏眼花、動彈不得。於是，靜香扛著這樣的大雄去廁所，讓他把藥吐出來。

之後不用說，靜香當然是嚴厲地責備了大雄：「你也太沒志氣了吧！只不過是被老師罵了一頓而已。」㉕180

話說回來，這一篇故事可以說充分地展現出大雄與靜香之間的羈絆，強大到甚至遠遠超過大雄與哆啦A夢、媽媽玉子之間的羈絆。

◎未來的「關鍵」人物是誰？

大雄與哆啦A夢搭乘時光機，來到十五年後的婚禮前一天，造訪靜香家。不過，兩人都披著「透明斗篷」把自己隱形起來。接下來，當他們兩人窺探著靜香的狀況時——

「爸爸，我不想出嫁了！」靜香丟出這句話。

「我內心覺得相當不安，我不知道未來是否能夠順利走下去。」

靜香的父親聽到靜香這麼說之後，如此回答：

「一定會很順利的。相信大雄吧。我認為選擇了大雄的妳，所下的判斷是正確的。那位年青人是個希望人們能夠獲得幸福，並會為人們的不幸感到悲傷的人。而這正是身為一個人最重要的特質。如果是大雄的話，我相信他一定能夠為妳帶來幸福。」

然而，過去在故事裡，從來沒有描繪過大雄與靜香的父親見面的場面。雖然大雄曾經稍微見過在家裡工作的靜香父親，但並不是什麼重要的故事。

不過話說回來，靜香的父親似乎都只看到了大雄的優點。大雄真的如同他所說的那般，「是個希望人們能夠獲得幸福，並會為人們的不幸感到悲傷的人」嗎？

如果想要讓大雄與靜香結婚的這個未來變得更加真實的話，搞不好靜香的父親正是手握「鑰匙」的關鍵人物也不一定。

也許從今以後會多多提及大雄與靜香父親之間的故事吧。

▶ Chapter 13 ◀

終極、萬能，以及毫無用處的道具

◎名字最長的道具與名字最短的道具各是什麼？

雖然這一章的探討有點像是給狂熱書迷看的冷知識，但哆啦A夢拿出來的道具中，有被正式介紹且名字最長的道具，恐怕就是以下這個——「狂音波振動式老鼠、蟑螂、臭蟲、塵蟎、白蟻驅除機」。⑰149

如果要解釋這是個什麼樣的道具的話，其實就是能夠以特殊的聲波解決老鼠或害蟲等的道具，使用時必須準備錄下驚人聲波的錄音帶。

但是，哆啦A夢「弄丟了最重要的錄音帶」，只好以胖虎的歌聲取代，讓機器運轉。不過，即使不借助這種道具，直接使用胖虎的歌聲，效果應該也會相當驚人。

另外有幾項名稱最短的道具（以日文原文為主），舉例來說有「貍貓機」、「偏心樹」與「釣魚手」（另譯釣魚幫手）等。

「貍貓機」——能夠化身為別人的道具，有眼鏡與尾巴兩個配件。⑦148

根據哆啦A夢所說，它的構造包括「眼鏡的鏡腳是天線，能夠將自己的腦波傳送至對方大腦」，似乎能藉此讓別人看到實際上並不存在的影像。換言之，能夠強迫他人產生幻覺，可以想成是某種心電感應的道具。現實生活的超能力者之中，肯定也有人辦得到類似的事情。

「偏心樹」——外觀為一顆小樹的胸章。⑱27

一旦戴上這枚胸章，只有那個人會一味地得到眾人的「偏心」，舉凡會收到很多點心、即使打破玻璃也不會挨罵，非常方便。這是大雄與胖虎為了報復老愛見人說人話，見鬼說鬼話、頗得大人緣的小夫而使用的道具。嗯……可以算是某種操控他人的道具，與前面所述的「貍貓機」類似。

「釣魚手」——此道具的構造相當簡單，只是在釣線前端附上一隻手（魔術手）而已。這隻手會自動追捕魚，一旦發現魚就會像老鷹一樣，緊緊抓住魚兒不放。只要擁有一根這個「釣魚手」，就能和複雜又繁瑣的釣具產品說再見了。 ⑫122

◎派不上用場的道具有哪些？

哆啦A夢曾經有一次不慎在房間裡跌倒，導致口袋裡的道具全都灑了出來。於是，哆啦A夢心想，乾脆趁這個機會整理一下道具，便挑出幾項道具打算拿去丟掉。

雖然大雄說「送給我吧」，但哆啦A夢回答「不行，這些道具完全派不上用場」。

哆啦A夢口中所謂完全派不上用場的道具，有「打開就下雨的傘」（正式名稱不詳）與「打架拳擊手套」等。 ⑩139

「打開就下雨的傘」——一撐起這把傘，就只有傘內會降雨的道具。而「打架拳擊手套」的外觀是拳擊手套，只要套在手上就會開始揍自己的臉，是個能夠用來跟自己打架的莫名其妙道具。

之後，哆啦Ａ夢在地上挖洞，將這些道具埋進去。然而，萬萬想不到這些道具竟然在之後派上用場。

當大雄獨自一人前往無人島的時候，就是撐起那把傘，藉由降下⑭87的雨水確保飲用水源。還有，「打架拳擊手套」也是在之後，以超級㊲147意外的方法派上用場。那麼，這樣一個只會揍自己臉的道具，到底為什麼會派得上用場呢？其實這件事情與時光機有關，實際狀況相當複雜，但還是簡單地說明一下吧。

考試前一天，大雄計畫要在考試時作弊，便搭乘時光機前往未來的小杉的房間，打算偷看小杉被老師改好並發還回來的滿分答案卷。想不到一抵達現場，竟然出現了另一個大雄，而那個大雄的手上就是戴著這副「打架拳擊手套」。接下來，那個大雄狠狠地教訓了一頓打算投機取巧的大雄。

換句話說，因為那副手套的功能就是自己揍自己，那個大雄就是運用了這一點，讓這副手套派上用場。嗯，如此一來的確說得通。

在這之後，被揍的大雄回到現在，下定決心用功，最後在考試時破天荒地得到六十五分。接下來，他便搭乘時光機前往小杉的房間，要去教訓即將抵達那裡的過去的自己。當然，這個時候他隨身攜帶了「打架拳擊手套」前往。這一點就不必多說了吧。

如此這般，即使是乍看之下毫無用處的道具，根據情況不同，也有能夠發揮功效的時候。這個道理可以說是天生我才必有用吧。

只不過，還有幾樣道具確實會讓人覺得完全派不上用場呢。

舉例來說，從名稱看來會令人誤以為有什麼特殊效果的「時‧間火燭」㉞76（另譯時間光、時間火把）。然而將火燭照亮之後，只會出現轟轟聲響，以及彷彿風的東西流動的效果而已。這個道具的功用根據哆啦A夢表示，「能夠看到時間的流逝，讓人不會浪費任何一分一秒」。不過，如果是用來警惕大雄懶散的個性，似乎勉強可以期待有所效果。但就算能夠看到時間的流逝，那又如何呢？

亦或是「說‧謊鏡」②76——太太您是世界第一美女，若再將頭髮束個丁髷註*的話，一定會更美豔動人。能夠若無其事地說出諸如此類謊言的鏡子。而且它似乎也能操控人心，讓人產生錯覺。除了娛樂效果之外，似乎毫無用武之地呢。

註*　一種髮型，為江戶時代老年人所結的男髷。

◎萬能的道具有哪些？

哆啦Ａ夢的手（吸盤手）只附有單純的功能——可以吸附住物品而已。既不能捏人臉頰，也無法翻花繩、猜拳以及吊單桿。唯有在透過其他道具的輔助之下，才能夠達到常人或超越常人的靈活度。

我們曾經在前面的篇章說明過，這一點和世修所在的未來世界對科技抱持的想法與態度有關。而這種想法跟現代有很大的不同，現代喜歡把許多功能放進同一個物品裡，例如電視除了擁有電視功能之外，還要加入電玩的功能。

也因為如此，哆啦Ａ夢的未來道具中，以一抵百的萬能道具可以說是相當稀少。

不過，除了哆啦Ａ夢之外確實也有許多機器人在故事中登場，並展現出能夠服從各種命令的萬能的一面。

只不過，泰半的機器人，都有違艾西莫夫所創的機器人三定律——①機器人不得傷害人類②機器人必須服從人類的命令③機器人必須保護自己安全。

尤其是在遵守②「服從人類的命令」的情況下，就有違背①「不得傷害人類」的傾向。

例如，阿拉丁神燈、正義繩、稅金鳥、罰金箱、玩具兵、好朋友[①173、㉓26、㉒154]機器人、機器子、採訪機器人、隱形保鑣、機器背後靈等，會毫不猶[⑤67、④32、②18]豫地攻擊看不順眼的對象（人類）。也許是所謂的模糊控制[註*]不完全[㊵72、㊶18、㊲35]的關係，所以這些機器人才會絲毫不懂得通融。

在這一方面，哆啦A夢這具機器人可以說是相當異例的存在。想必是從最根本的製造方式就不同而導致的吧。

註＊ 建構在模糊邏輯基礎之上的控制方式。糊模邏輯以較貼近現實的模糊、灰色地帶的陳述方式，取代了凡事只有零或一、黑或白、是或否的經典邏輯。這也是較接近人類的思考邏輯。

那麼，接下來介紹一下在這之中，應該有資格被稱為「萬能」的道具吧。某日大雄的雙親去參加北海道親戚的婚禮，有兩天不在家，再加上哆啦Ａ夢也因為突然有急事必須出門兩、三天。「只剩下我孤伶伶的一個人。這兩天叫我一個人要怎麼活下去啊！」一面對誇張地嚎啕大哭的大雄，哆啦Ａ夢拿出來的是個叫做「照顧繩」的道具。(27)56

這個道具是一條放在小小竹簍裡又細又長的繩索，能夠以繩索圍成任何事物的形狀。當大雄獨自一人哭個不停時，從竹簍中伸出來的繩索，便圍出人類的輪廓，以手輕輕撫摸大雄的頭。

起初大雄覺得很噁心，但後來逐漸明白這條繩索非常能幹，在許多方面都很有幫助。

當收報費的人上門時，繩索會從櫃子抽屜裡拿出錢之後拿到玄關。另外，當強迫推銷的業務員上門時，則會變成大大的腳，將對方踢出門外。

當大雄在空地上玩棒球時，照顧繩也在不知不覺間來到他身旁，然後咻嚕咻嚕地伸長抓住球，並交回大雄的手裡。還幫助他展現出驚人的美技，甚至幫他擊出全壘打。

另外，它還會變成馬的形狀，載著大雄與靜香奔馳；變成飛機形狀的話，甚至能在空中飛翔。而且根據它能夠變成雲霄飛車及摩天輪的情形看來，繩索的長度能夠伸得相當長。下雨的話還會變成雨傘。

然後，一回到家又會變成人類的外形，煮飯給大雄吃，甚至是陪大雄下黑白棋。

因為擔心大雄而提早回家的哆啦A夢，反而淪落到被大雄說：「我們現在玩得正起勁，你去旁邊啦！」的下場。

像這樣，某程度上算是萬能的「照顧繩」，唯獨辦不到一件事情。那就是無法說話。它與大雄之間是以比手畫腳的方式進行溝通。

此道具會讓人有一種剝奪對話做為代價，以換取真心的感覺。在眾多的哆啦A夢道具中，可以說是筆者個人最喜歡的道具之一。

◎終極的道具是什麼？

說出心中願望就能夠實現，這種東西在某種層面上可以說是終極的道具。雖然能夠實現願望的道具眾多，但大部分都會被要求付出相當的代價。

舉例來說，「實現願望的小槌子」（另譯打就出的槌、希望之槌）⑧96——當哆啦A夢說「銅鑼燒出現吧」，並揮下這把小槌子時，立刻掉出了一枚十圓硬幣。那枚十圓硬幣就這樣叩隆叩隆地在地面上滾動，最後滾到放在路邊的玻璃櫃下方。當哆啦A夢一抬起那個玻璃櫃，立刻有人走近，演變成幫人搬家的局面。最後，對方端出茶感謝哆啦A夢，而茶點正是哆啦A夢許願的銅鑼燒。

另外還有「隨時日記」、「事前日記」（另譯先記日記）、「劇[⑩48、⑯151、⑧15]本打火機」（另譯導演打火機）、「預定記事本」（另譯願望實現[①154]簿）等，只要寫下東西，就會發生日記裡所記載的未來。只不過，能夠實現的願望只限於常理範圍之內，而且強制力也僅限人類辦得到的事。

或是「說謊機」——長得像鳥嘴的道具，只要將這個戴在嘴巴上說[③62]話，對方就會把謊言當真。另外也有叫做「真實的旗幟」（另譯真實[㉖26]之旗）且功能幾乎相同的道具。只要豎起這面旗幟，不管說什麼大家都會認為是正確的。甚至，如果使用「攜帶型國會」（另譯迷你國[⑮164]會）的話，其強制力還能擴散到全日本。

然而，這些道具的效果說穿了就是控制人腦的思想而已。如果是外形與上面所述之「說謊機」相同的「騙人鳥嘴」（另譯真假嘴）的[④24]話，只要說出「你能在空中飛翔」，那個人就會真的飛起來。這個道具的功效完全超出人類辦得到的範圍，即使稱其為終極道具也不為過。如果真要論及最終極的道具，想必還是非「如意電話亭」（另譯⑪8等等如果電話亭、假設電話亭）莫屬吧。這個大家耳熟能詳的道具，在故事裡曾經使用過很多次。

只要進入電話亭中，對著話筒說完「如果變成ＸＸ的世界」的心願後走出外面，全世界就會搖身一變成為你所說的世界。而且，只要沒有進入這個話亭並要求「將世界恢復原狀」的話，就絕對無法離開這個世界。電話亭一旦壞掉的話，事態會變得相當嚴重。

另外，若使用這款道具的話，世界的架構會變得相當曖昧不清。根據這個「如意電話亭」所打造出來的世界，會與現實世界同時並存。這還牽扯到時光機，理論過於複雜，實在難以透過文章說明清楚。不過順帶一提，哆啦Ａ夢大長篇第⑤集的舞臺背景，正是建立在如此的架構之上。

▶ Chapter 14 ◀

野比大雄的家族總覽

◎大助有哪些兄弟姊妹或親戚？

大雄的爸爸「野比大助」，似乎有不少弟弟與妹妹。

包括大雄在內的野比家歷代祖先或未來的子孫雄助、世修等都是家中的獨生子，相較之下大助有弟妹的情形會讓人覺得有點奇妙。不過這畢竟是上帝（作者）的傑作，所以也沒有什麼好抱怨的。

首先介紹的是，只有登場過一次的大助之妹。大助早在二十四歲（①147）就已經向玉子求婚，而他妹妹就是在當時登場。那個妹妹當時是個年約十五歲以上、不超過二十歲的可愛少女。

在那之後（就是現在）的故事裡，曾經出現過一位「北海道的姑姑」（⑮162）。儘管穿著和服卻是一位年輕漂亮的美女。這兩人可能是同一號人物。而這位姑姑「每逢新年一定會來，而且會給大雄很多壓歲錢」。

接下來介紹的是大助的弟弟，其中有三人是確定的。第一位在第㉞集登場，是個瀏海有點塌的上班族男性。故事裡畫到他與哥哥大助，聊起以前野比家庭院種有柿子樹的回憶。（㉞68）

雖然他在這一幕並沒有戴眼鏡，但第⑯集中有一位戴眼鏡的「叔叔」，發給大雄壓歲錢的場面。這兩人大概是同一個人。（⑯66）

第二位弟弟是只有在第④集登場過一次的長髮男子。儘管他只是個低月薪的上班族，卻用貸款買了自家用的房車與高級高爾夫球組，繳不起分期付款的他，低頭央求大助「哥哥幫幫我吧」。（④87）

還有一位是在第㊶集登場，戴眼鏡、梳三七分瀏海的男性。故事裡畫到他與大助聊起過去野比家周遭的情景。（㊶166）

另外，他在第⑱[⑱158]集、第㉗[㉗68]集也有登場過，總是穿得相當休閒，每次造訪野比家就會給大雄零用錢，是個出手大方的叔叔。

最有問題的是一名叫做「伸[⑤175]郎叔叔」的人物。在第⑤集中，他曾經說「好久不見，我從印度回來了」並頂著一張曬得黝黑的臉登場；在第㉒集中又說「我[㉒158]接下來又要啟程去印度，這次大概三年內都不會回來」，並且預先給了大雄三年份的壓歲錢，是個個性相當豪爽的男性。

而這位「伸郎叔叔」與前面提到的打扮休閒的大助弟弟，從外表看起來簡直如同一個模子刻出來的。綜上所述，伸郎＝弟弟的等號成立，但事情並沒有這麼簡單。

在第⑤集的場景中，伸郎曾經娓娓道出經歷戰亂的親身體驗，但他當時的描述是「我與家人一同被疏散」。當時大助就在他的面前，如果兩人是兄弟關係的話，應該不會用這種說法吧？而且當伸郎回顧當時情景的時候，並沒有出現特徵與大助相符的哥哥或弟弟。

但是，大助又對伸郎說「你以前真的很愛大象」，出現這種只有哥哥才會跟弟弟話家常的場面。假設他們兩人不是親兄弟的話，想必也是如同兄弟般一起長大的堂兄弟吧。

另外，還有一位名為「伸枝」，似乎是大雄堂姊的女生登場。㉑156 因為名字裡帶有「伸」字，因此可以確定她是野比家族的成員無誤。再來就是，能夠從她身穿水手服得知她是國高中生。不過，這位堂姊的存在也有點問題。

一般都認為大雄的父親．大助是家中長子。

因此，他們現在居住的家才會從大助爺爺那一代（伸吉）就居住於此，一直到後來才進行改建。大助繼承了這個歷史攸久的家，再加㊸172上，四、五年前過世的奶奶（大助之母）也曾經與大助一家同住於此④178處，可想而知，大助一定就是家中長子。

當然，正如同前面篇章所述，這個家是租來的。恐怕我們也只能想成，房東是個事業有成的人，把房子翻新後，讓野比一家住在這裡。

而大助身為長子，下有年幼的弟妹，這麼一來，怎麼算大雄都不太可能有年長的堂姊。

先前所提及的求婚場面是在十二年前，因此大助的妹妹（或住北海道的姑姑），如果沒在這個時間點生下孩子的話，怎麼算都不可能有伸枝這樣大的女兒。

也就是說，我們只能想成是大助的三個弟弟之中，有人是在非常非常年輕時就結婚生子了吧。

◎玉子的兄弟姊妹或親戚都是些什麼樣的人？

與大助比較起來，玉子那邊的親戚相較之下簡單多了。

首先是名為「玉夫」的弟弟。戴眼鏡、體型很胖，似乎是個有點 ②59 懦弱的男性。雖然外表不一樣，但個性可以說與大雄極為相似。

在第②集中，玉夫差點被心儀的女性甩掉時，多虧哆啦A夢使用道具「誠實太郎」（另譯老實娃娃）助他一臂之力。

這個「誠實太郎」是會將人們心裡所想的事情，老老實實地說出來的娃娃，也就是所謂的心電感應道具。另外，我們可以根據第㉜集的內容，得知玉夫從事汽車銷售員的工作。不過，似乎是個能力很差 ㉜130 的業務員。

在第⑩集與第㊷集中，曾經出現過一位叫做「五郎」的大雄表 ⑩26
哥。為了就讀東京的大學而離開鄉下來到東京，獨自一人居住在東西 ㊷40
凌亂四散的公寓中。

他似乎就住在附近一帶，因此偶爾會造訪野比家詢問：「玉子阿姨在家嗎？這裡有東西可以吃嗎？」從名字看來，他應該是玉子那邊的親戚。

另外，也有個「阿姨」帶著名叫小奇的三歲幼童，曾經造訪野比 ②104
家一次。這位阿姨的年齡明顯比玉子年長許多，小奇也許是她的孫子。加上她戴著眼鏡，因此判斷她應該是玉子那邊的親戚。然後，這位阿姨似乎也是每次造訪野比家就會給大雄零用錢。

像這樣，造訪野比家的叔叔或阿姨，泰半都會「給零用錢」，對大雄而言是相當令人感激的存在。

◎野比大雄的族譜一覽表

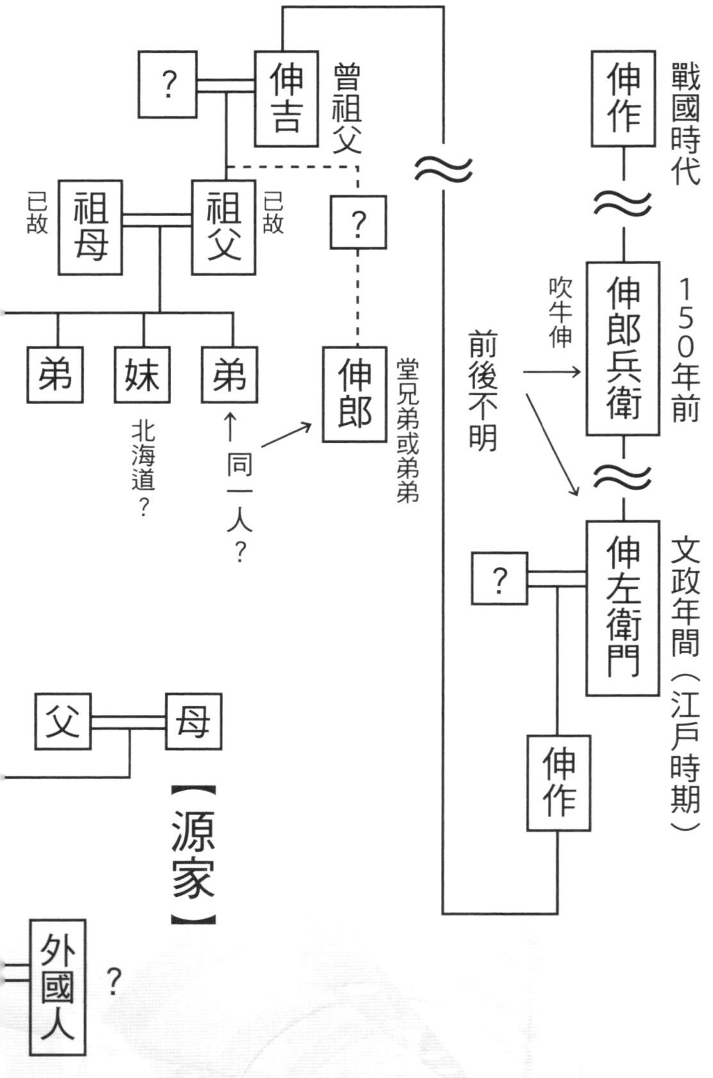
伸作
戰國時代
吹牛伸
伸郎兵衛
150年前
前後不明
?
伸左衛門
文政年間（江戶時期）
伸作
?
伸吉
曾祖父
祖母
已故
祖父
已故
?
伸郎
堂兄弟或弟弟
弟
妹
弟
北海道？
同一人？
父
母
【源家】
外國人
?

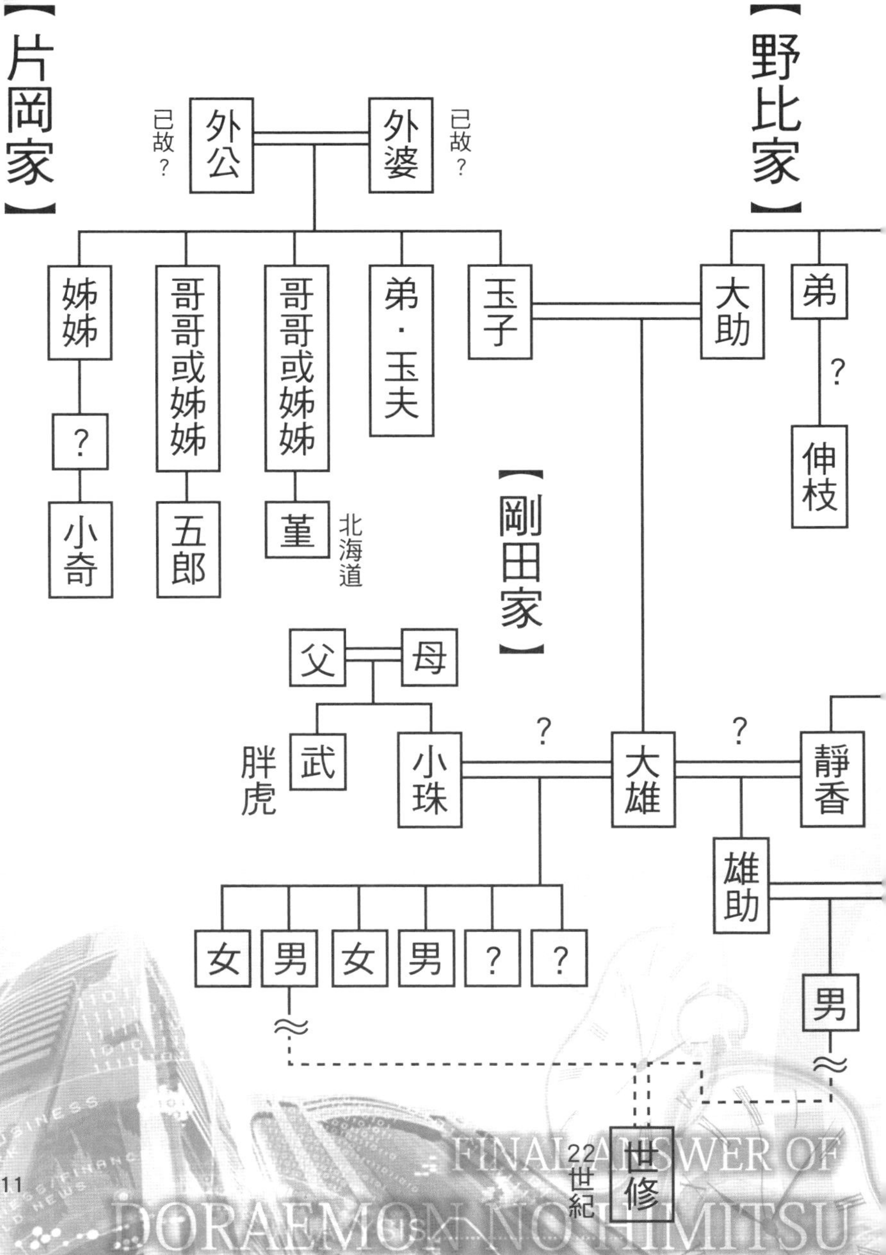

FINAL ANSWER OF DORAEMON NO HIMITSU

另外在第㉗集中，玉子曾經對大雄說過：「我要去北海道一趟，[㉗55] 參加你的表姊．堇的婚禮。」雖然在故事中「堇」只有名字登場，不過她既是大雄的表姊，而且又正值適婚年齡，只有可能是玉子那邊的親戚。

再來就是，玉子有年齡這麼大的姪女，即意味著她有個年齡差距頗大的「哥哥」或「姊姊」。而先前提及的帶小奇來訪的「阿姨」，似乎也符合這個條件。

▶ Chapter 15 ◀

其他登場人物

◎大雄還有其他什麼樣的同班同學呢？

大雄學校裡有剛田武、骨川小夫、源靜香、出木杉太郎，除了他（她）們以外，也有幾位已知名字的同班同學。以下按照登場順序簡略介紹一下。

小正（另譯正男）——戴著眼鏡的書呆子。個性文靜、認真的模範生，但因為「道歉蚱蜢」（另譯認錯蚱蜢、鞠躬蚱蜢）而露出本性。他招出自己曾經挖陷阱害小夫、在水泥牆上留下「笨蛋老師」的塗鴉、使用釣鉤掀靜香的裙子等壞事之後，不停地鞠躬道歉。①91

§

荒谷一郎——家中長子，與在家做手工假花的母親、六名兄弟姊妹，一起住在三坪的小房子裡。家裡位於大型垃圾丟棄場旁，屋頂還用石頭壓住，家境貧困的程度彷彿只有童話故事裡才會出現。⑤23

大雄等一票同學決定要在這位荒谷同學家舉辦聖誕派對，於是哆啦Ａ夢使用了「引力油漆」。只要將這個油漆塗在牆壁或天花板上，就能當成地板使用，眾人與荒谷一家人開開心心地度過愉快的聖誕派對。雖然是一則溫馨的小故事，但也許是家庭環境太過淒慘的關係，不管是這個人的名字也好或房子也罷，後來再也沒有登場過。

§

時髦子（另譯美麗子）——高挑的美女。不穿最流行的衣服絕不善 ⑥18
罷干休的女孩子，與小夫感情很好。哆啦Ａ夢曾經使用「流行性趕時髦病毒」（另譯流行轉換病毒、流行的傳染菌），擅自製造時尚潮流，捉弄喜歡趕時髦的她。另外，時髦子的媽媽所戴的眼鏡則很有知識分子風格。

§

狡猾木——外貌與小夫有些相似，但他有戴眼鏡，髮型也不同，還 ⑥126
有身高也比小夫高。暑假時，在同班同學舉辦的討論會上，針對「尼斯湖水怪是否真實存在」之議題，與持「水怪存在」意見的大雄互相對立，站在「水怪不存在」的立場。根據他在會中的表現實在令人不容小覷，可以由此窺知他的頭腦應該不錯，但個性差勁。

§

木鳥高夫——參與ABS電視臺「兒童歌唱大賽」的演出，並演唱阿爾卑斯山的少女一曲。由於想要別人觀賞這個電視節目，便四處撥打電話呼朋引伴，還說出「別太羨慕我呀，搞不好你們總有一天也有機會登臺」這種刺耳的話。 ⑪97

不過，木鳥的長相果然也是與小夫相似。也許是角色特質與小夫重疊的關係，先前的狡猾木與這位木鳥登場的場面，小夫都不曾出現。

§

戶手茂出來——在哆啦美所創立的迷你電視臺中，接下教育節目老師一職、頭腦聰明的少年。但是，之後由於小杉的登場而被束之高閣，從此消失。也就是說，我們可以將他想成小杉的原型。 ⑪104

§

矢部小路（通稱公爵）——班上的轉學生，大雄對他的評語為「家裡有一點錢的美男子，運動健將，頭腦又聰明」。靜香經常流連他家，惹得大雄大吃飛醋，但矢部從頭到尾都只有名字登場，一直到最後都無緣一睹他的盧山真面目。換句話說，矢部小路也是在這之後登場的小杉的原型之一吧。

⑫111

§

氣悶子（另譯阿氣、哼子）——總是帶著生悶氣的表情，從來沒有在人前展露笑顏的女孩。雖然在班上遭到排擠，不過哆啦Ａ夢使用「表情控制器」迫使她笑後。胖虎還說她「笑起來意外地可愛」。

⑮147

§

犬山三郎——大雄曾經寄賀年卡給他，卻不小心寫成「太山」。當然，大雄也把自己的名字寫成了「犬雄」。於是，犬山把這張賀年卡拿給班上同學看，令大雄深受其辱。接下來，大雄當然就照慣例，企圖使用哆啦Ａ夢的道具報復他。

⑮169

浦成（另譯小浦、末成）——班上的轉學生，總是獨自一人垂頭喪氣地待在操場一隅。爸爸為遠洋航線的船員，母親目前住院中。哆啦A夢將「影像播放鏡」（另譯影像魔鏡、永遠照相的鏡子），也就是所謂的未來視訊電話，分別送給浦成與他的爸爸之後，他才逐漸恢復活力。 ㉒132

§

金尾儲——把儲蓄當成唯一興趣，體型微胖的少年。被專門從小孩子的零用錢中，強制徵收稅金的機器人「稅金鳥」，沒收高達九萬日幣的稅金。 ㉒158

§

多目同學——班上的轉學生，成績比大雄更差、跑得也比大雄慢的男孩。換句話說大雄因為這位多目同學的存在，而脫離班上萬年吊車尾的寶座。但多目不久後再度轉學，對大雄來說實在是好景不常呀。 ㉓104

§

書呆同學（另譯治平、史用功）——大雄班上每次都考第二名的男學生。㉚64

「只要有小杉在，我永遠無法成為第一名」，所以每到深夜就持續打惡作劇電話騷擾小杉（順帶一提，小杉的房間裡有自己專屬的電話）。㉚60 因為受到哆啦A夢道具的反撲，在那之後洗心革面、重心做人。

◎街坊鄰居都住了些什麼樣的人？

首先，來介紹一下登場次數最多的「神成（雷公）先生」註＊吧。㊳66
他就住在胖虎一行人經常玩棒球的空地旁，也因此房子的玻璃才會頻頻遭到破壞。

神成先生是個禿頭的老人，有個名為「瑞惠」，登場時背後還頂著萬丈光芒的可愛孫女。放暑假時，她似乎偶爾會跑來神成家小住。另外，大雄明明已經有靜香這個未來的結婚對象，竟然還花心地對這位瑞惠動心。

另外，附近還有一名ＵＦＯ狂熱者「圓番先生」。小夫與胖虎偶⑬170爾會用偽造的ＵＦＯ照片，要此人請他們吃點心。

註＊　神成與雷公（ＫＡＭＩＮＡＲＩ）的日文發音相同。

再來還有一位名為「鍋島先生」，超級討厭貓咪的老人。哆啦A㊷165夢的貓咪朋友‧小咪曾經被這位鍋島先生捉住，並關在鳥籠裡。自始至終好像都手持竹刀登場，對貓咪們而言是位非常不好惹的麻煩老人。另外有謠言說，鍋島先生是肥前（現佐賀縣）城主大人的末裔呢。

◎聽說漫畫版《哆啦A夢》是哆啦A夢畫的，這是真的嗎？

野比家的鄰居中，有位頭戴畫家帽、戴眼鏡的「藤喵子・不喵 ③17 夫」（另譯不二子不二夫、藤子不二夫）先生也住在附近。藤喵子先生的職業為漫畫家，手上同時有《冒汗冒汗漫畫雜誌》、《少年卡巴進》、《少年殘念》、《少年強波拉》與《少年呷噗》[註*]等連載作品，是一位超級賣座的漫畫家。

曾經有一次，哆啦A夢為了想知道藤喵子老師所畫的連載續集詳情，而搭乘時光機前往未來，看完下一期漫畫雜誌才回來。

於是，當哆啦A夢得意洋洋地告訴大家最新內容時，藤喵子老師則突然現身，並且緊緊抱住哆啦A夢說：「請你務必告訴我接下來的後續。」

註* 雜誌名分別以《快樂快樂漫畫雜誌》、《週刊少年 Magazine》、《週刊少年 Sunday》、《週刊少年 Champion》、《週刊少年 JUMP》為參考範本。

無可奈何之下，哆啦Ａ夢只得前往未來，將那本雜誌的下下一期與別本漫畫未來的期數買回來交給藤喵子老師，然而藤喵子卻因為太忙而口吐白沫倒下了。

於是，他拜託哆啦Ａ夢幫他按照未來期數抄畫原稿。哆啦Ａ夢一邊抄原稿一邊如此喃喃自語：

「我照著書畫漫畫，然後又發行這本雜誌……這麼一來，到底誰才是真正的作者啊？」

好了，那麼到底是誰畫的呢？

這個世界簡直就像是艾雪[註*]筆下的魔幻畫作啊！

註＊ Maurits Cornelis Escher（莫里茨・科內利斯・艾雪）知名荷蘭版畫藝術家，擅長以幾何排列與視覺圖像作結合，產生出「虛實相生」的奇幻效果。被稱為錯覺藝術大師艾雪。

國家圖書館出版品預行編目 (CIP) 資料

哆啦Ａ夢最終研究：萬能藍色貓型機器人與四次元百寶袋深藏的祕密大公開 / 世田谷哆啦Ａ夢研究會編著；林宜錚翻譯 . -- 初版 . -- 新北市：大風文創 , 2016.04
面； 公分 . -- (COMIX 愛動漫；13)
ISBN 978-986-92701-9-9(平裝)

1. 漫畫 2. 讀物研究

947.41 105003547

COMIX 愛動漫 013

哆啦Ａ夢最終研究

萬能藍色貓型機器人與四次元百寶袋深藏的祕密大公開

編　　著／世田谷哆啦Ａ夢研究會（世田谷ドラえもん研究会）
翻　　譯／林宜錚
校　　對／鍾明秀
主　　編／陳琬綾
發 行 人／張英利
出 版 者／大風文創股份有限公司
電　　話／(02)2218-0701
傳　　真／(02)2218-0704
E-Mail ／ rphsale@gmail.com
Facebook ／大風文創粉絲團
https://www.facebook.com/windwindinternational
地　　址／ 231 新北市新店區中正路 499 號 4 樓

初版十三刷／ 2023 年 11 月
定　　價／新台幣 250 元